蓝迪平台企业发展报告（2021）

DEVELOPMENT REPORT OF RDI PLATFORM ENTERPRISES (2021)

新发展阶段
企业的机遇与创新

OPPORTUNITIES AND INNOVATIONS FOR ENTERPRISES
AT THE NEW DEVELOPMENT STAGE

主　编　赵白鸽　黄奇帆

副主编　马　融　马有义　陈　璐

社会科学文献出版社
SOCIAL SCIENCES ACADEMIC PRESS (CHINA)

序
好风凭借力　扬帆正远航

回溯经年，风云激荡，我们笃行致远，定力尽显。

展望未来，伟业赓续，我们砥砺前行，勇于创新。

2021年国际形势更加错综复杂，世界经济复苏呈不均衡态势，加之疫情反复叠加，造成了对世界发展与经济运行的极大冲击；部分新兴经济体面临资本外流、货币贬值、国际收支形势严峻等风险挑战；主要经济体延续超宽松宏观政策，助推全球资产价格上行，金融市场表现与实体经济背离的潜在风险仍然存在，全球范围内资本市场动荡、债务风险上升。受全球经济回暖和流动性环境宽松等因素叠加影响，国际大宗商品价格维持高位。短期看，全球产业链、供应链部分环节仍面临不稳定因素，芯片等全球供应紧张，汽车、消费电子行业产能受到影响。长期看，疫情冲击将加速全球产业链、供应链重构。各国内顾倾向加剧，保护主义、单边主义倾向上升，由追求效率向兼顾安全与效率转变，产业链、供应链布局趋于区域化、本土化、短链化。

我国"十四五"开局之年和第二个百年奋斗目标开启之际，党中央、国务院坚毅擘画，从新时代高品质生活高质量发展，到"双循环"发展新格局的提出，无不透析出中国经济发展的自信和战略抉择，我国对外公布第十四个五年发展规划和2035年远景目标，战略定力尽显。国家在高新科技产业发展和布局方面又做出精细规划，尤其针对双碳目标、数字经济、智能制造、生物医药、文旅产业、现代金融、教育产业等提出更加清晰的发展目标和政策举措。

高质量发展是时代的主题。地方政府与企业成为高质量发展的主体，它们期待能有效融入国际国内发展战略布局中，通过高质量发展，把握发展主动权，不断提升自身发展的核心竞争力。蓝迪国际智库顺应发展大势，从国际经贸格局到国内产业发展，从战略新兴产业到科技创新企业发展，多维度跨界整合资源，赋能政企发展。我们创造性地提供创新型智库服务范式，注重国际与国内、政府与市场、平台与企业的对接；从战略导向、实践导向、结果导向出发，注重研究成果的转化，注重政策、机制、项目的落实。我们探索成型的"挖掘—培育—推介"企业服务三步法，提供高质量的政策研究、法律服务、技术标准、信息服务、金融支持、文化和品牌能力建设等系统服务内容；同时，积极发挥"21世纪资源整合者"平台型智库的合作潜能，在产业标准制定、金融投资合作及品牌建设上为地方政府和企业提供高质量、实效性服务。

我们比以往任何时期更加需要理性思维，于乱云飞渡中更加冷静更加沉淀，在迷雾中理出头绪，在乱局中破解难题，我们也更加清醒地认识到大国之间的竞争博弈使多极化世界更加迷离与分化，但无论如何，我们依然善于在不同的关系与格局中发挥中国优势，在构建"人类命运共同体"的理想进程中审时度势，科学地拿出中国方案。这就是蓝迪国际智库的基本运作模式。

本书所展现的内容，是蓝迪国际智库专家学者的思想结晶，是对当前国内外形势、世界经济发展趋势、国家经济发展战略、产业发展布局、企业创新内涵所做的深度解读和判断。我们所分享的案例和平台企业发展路径，也是蓝迪国际智库整个团队创新思路、创新理念、创新实践的成果。广大读者和企业也许能从中感受到大时代涌动的潮汐，并从中寻找到发展的势能和合作奋进的契机。

这是我们的初心，也是我们的期待！

蓝迪国际智库专家委员会联合主席

重 庆 市 原 市 长 黄 奇 帆

复 旦 大 学 特 聘 教 授

2022 年 3 月

目　录

第一部分

百年征程看今朝

——新时代全球经贸及中国科技发展态势

　　过去的一年，我们见证了"两个一百年"伟大奋斗目标的历史交汇，迎来了开启全面建设社会主义现代化强国的新征程。回眸历史，中国共产党团结带领中国人民，浴血奋战、百折不挠，创造了新民主主义革命的伟大成就；自力更生、发愤图强，创造了社会主义革命和建设的伟大成就；解放思想、锐意进取，创造了改革开放和社会主义现代化建设的伟大成就；自信自强、守正创新，统揽伟大斗争、伟大工程、伟大事业、伟大梦想，创造了新时代中国特色社会主义的伟大成就。党的十八大以来，中国特色社会主义进入新时代，我们坚持和加强党的全面领导，统筹推进"五位一体"总体布局、协调推进"四个全面"战略布局，坚持和完善中国特色社会主义制度、推进国家治理体系和治理能力现代化，坚持依规治党、形成比较完善的党内法规体系，战胜一系列重大风险挑战，实现第一个百年奋斗目标，明确实现第二个百年奋斗目标的战略安排，党和国家事业取得历史性成就、发生历史性变革，为实现中华民族伟大复兴提供了更为完善的制度保证、更为坚实的物质基础、更为主动的精神力量。中国共产党和中国人民以英勇顽强的奋斗向世界庄严宣告，中华民族迎来了从站起来、富起来到强起来的伟大飞跃，实现中华民族伟大复兴进入了不可逆转的历史进程！

　　进入新发展阶段，贯彻新发展理念、构建新发展格局，需要努力打造国际合作和竞争新优势，推动开放型经济迈向更高水平。蓝迪国际智库作为高端智库，精准聚焦国际问题，广泛传递中国声音，积极贡献中国智慧。智库对外交流传播逐渐深化，智库相关研究蓬勃发展，积极发挥咨政建言、理论创新、舆论引导、社会服务、公共外交的重要职能，以国家战略为导向，以专业思维为引领，重点提高研究质量，推动内容创新，加强智库建设。

新时代背景下，蓝迪国际智库立足国内发展战略维度、国际合作交流维度、区域发展竞争力提升维度、企业科技创新和高新产业发展走向维度，以全局视野、前瞻性思维解读和分析国家发展战略、重点布局以及新兴产业战略，以创新的智库思想为国家、地方政府和企业发展把脉，从实践中把握时代的脉搏，抓住社会发展的热点、难点和疑点，统筹谋划，搭建合作平台，提供具有针对性、指导性、落地性的研究成果，助力多视角认识和把握"百年未有之大变局"。

第一章　国际国内政经大势

当前，国际形势错综复杂，百年变局和世纪疫情交织叠加，世界进入动荡变革期，不稳定性和不确定性显著上升，给世界经济前景蒙上浓重阴影，经济全球化步履更加蹒跚。在此大背景下，我们需要更加准确地判断世界经贸格局和国内发展战略的基本走向。蓝迪专家把握国际政治经济大势、国内经济社会发展大局、行业市场走向，为地方政府以及企业提供科学发展新指引，助力处理好政治与经济、当前与长远、政府与企业、政府与市场等方面的关系，优化资源整合，协调统筹，形成合力，从而更好地开启经济发展新时代。

一　国内产业发展洞见*

黄奇帆①

2020 年，中央明确提出构建新发展格局，更是恰逢其时，未来 15 年将基本按照这一战略推进实施相关举措。在新发展阶段、新发展理念、新发展格局的背景下，中国经济呈现五个内部新发展特征和五个新开放特征。

当前我国正在构建以国内大循环为主体、国内国际双循环相互促进的新发展格局。在这样的格局下，我国的内循环会出现五个特征：一是中国工业体系的韧性更强，效益和质量更高；二是中国国民经济对外依存度下降；三是中国高标准市场经济体系将不断彰显和完善，要素资源将在更高水平上优化配置；四是我国的科研创新自立自强，实现产业链、供应链的扩链、强链、补链；五是在今后发展中，中国内循环的源头动力，即老百姓的消费能力提高。

同时，更高水平、更宽领域、更深层次的开放，表现出五个基本特征：第一，从过去以出口导向为主转变为既鼓励出口也鼓励进口，成为世界进口大国；第二，从过去以引进外资为主，转变为既积极引进外资也鼓励国内资本"走出去"投资；第三，从以沿海地区开放为主转变为东西南北中协同开放、整体开放；第四，从以工商产业开放为主转变为金融、教育、卫生、文化等领域全方位的

---

* 整理自作者在第六届复旦大学经济学家论坛上的发言，以及其在 2021 年第 15 期《人民论坛》上的刊文《伟大复兴的关键阶段——学习〈中华人民共和国国民经济和社会发展第十四个五年规划和 2035 年远景目标纲要〉的认识和体会》。

① 黄奇帆，蓝迪国际智库专家委员会联合主席、重庆市原市长、复旦大学特聘教授。

开放；第五，从以要素流量为主的开放转变为以制度规则为主的开放。

总之，双循环发展格局是中国更高质量、更高效益发展的必然选择，将使中国以更高层次开放和更大力度发挥国内发展潜力，更是中国走向世界经济强国的必由之路。

从 2021 年到 2035 年，中国将进入一个艰难而深刻的经济转型阶段。一方面，中国的能源结构将面临深刻调整，预计到 2030 年，非化石能源占一次消费比重将达到 25% 左右，到 2035 年将达到 30% 左右；另一方面，全社会的生产方式、生活方式向低碳生产、绿色生活转型。这是艰难的 15 年，也是关键的 15 年。中国实现碳达峰碳中和，意味着中国的能源结构将发生革命性、根本性的变化，国民经济结构将发生根本性变化，国民经济质量和效益将得到巨大提升。

联合国最近在推洲际的能源互联，可以进一步想象几十年以后形成地球能源互联网，一旦洲和洲之间实现能源互联，就有可能实现全球电力互联。一旦有了全球电力互联网，由于太阳光照地球是照射三个时区，最终在地球几大洲的沙漠上都有巨大的光伏风力电站，三个时区互相交替供应，世界贸易将不再以几万亿美元的石油贸易为主，而将以每年几万亿美元的电力互联互通贸易为主。想象一下，这个世界将建立在什么样的技术基础上？这个世界将建立在中国超高压直流输变电基础上。想象一下，未来的能源世界由清洁能源装备、消费终端上的装备、全球范围内的电力远程传输的能源互联网组成。在这三个板块，中国都将占得先机。

作为"两个一百年"奋斗目标的历史交汇期，从 2021 年到

2035 年是实现中华民族伟大复兴的关键阶段。以习近平同志为核心的党中央高瞻远瞩、审时度势，系统擘画了我国"十四五"时期发展规划和 2035 年远景蓝图。"十四五"时期，有六件大事应当作为重中之重。

一是科技创新。从中美关系近年来走势看，美国对我国在科技上打压、"卡脖子"甚至脱钩的趋势不会改变。对此，从党的十九届五中全会通过的《中共中央关于制定国民经济和社会发展第十四个五年规划和二〇三五年远景目标的建议》到《"十四五"规划和 2035 年远景目标纲要》，都对科技创新施以浓墨重彩。这里面的关键点包括以下几个方面：首先，要加大对"从 0 到 1"环节的基础研究投入。目前我国基础研究经费投入占研发经费投入的比重只有 6%，发达国家普遍为 15% ~ 20%，《"十四五"规划和 2035 年远景目标纲要》提出要逐步提高到 8% 以上，这是一个重大举措。今后还要继续加大投入，争取到 2035 年达到 20% 左右。其次，在研发方向上，要按照习近平总书记提出的"四个面向"的要求，加快组织实施一批具有前瞻性、战略性的国家重大科技项目。最后，在体制上，要进一步深化改革，畅通科技成果转化链条，努力将科技成果转化率由现在的 10% 左右提高到 30% 甚至 40%。

二是新基建。新基建作为数字经济、智能经济、生命经济这些人类未来文明的技术支撑，不仅本身将带来几万亿元甚至十几万亿元的投资需求，还将通过数字技术产业化、传统产业数字化、研发创新规模化而产生不可估量的叠加效应、乘数效应，可以对内循环产生巨大的赋能作用。在新冠肺炎疫情深度冲击全球经济的大背景下，唯有科技和创新才是走出危机、赢得主动的治本之道。在"十四五"期间，加快新型基础设施建设，特别是加快布局一批以大科学装置和大试验平台为代表的创新基础设施，同时深化科技创新体制改革，将有助于打造基础研究、区域创新、开放创新和前沿创新深度融合的协同创新体系，有助于进一步激发全社会的创新创造动能。

三是加快"补链""扩链"和"强链"。当前，全球产业链供应链正在加速重构，既给我国带来机遇，也带来挑战。中国具有全世界最为完整的产业链，市场规模庞大。"十四五"期间，我国应发挥优势，打好产业链牌和市场牌，通过实施"补链""扩链"和"强链"行动计划，主动推动产业链重构，实现更高层次的水平分工、垂直整合。比如，针对物流、保险、工业设计、金融科技、数字经济等生产性服务业，加大力度吸引优势外资进入，补我国供应链的短板，即"补链"；乘机利用业已形成的贸易关系，导入占据产业链上下游优势的外资企业，形成产业链高度集成的新布局，即"扩链"；推动现有优势企业向微笑曲线两端延伸，提升我国企业在全球价值链中的位势，即"强链"。

四是提升居民消费能力。可从以下几方面着手。首先要增加就业。大企业强国，小企业富民。截至2021年4月末，全国小微企业总数超过4400万、个体工商户总数超过9500万。这些市场主体是吸纳就业的主体，降低它们的税负有助于增加这类企业的就业。其次要实施中等收入群体翻番计划。如果现在的4亿中等收入群体在5~10年后变成8亿，中国经济将更加强大。关键是要增加农民财产性收入和降低个人所得税边际税率。最后要坚持"房住不炒"

的定位，大力建设公租房、廉租房、保障房，合理调控房地产市场价格，降低年轻人的居住成本。

五是继续全面深化改革。重点依然是深化要素市场化配置改革。《中共中央 国务院关于构建更加完善的要素市场化配置体制机制的意见》提出了许多生财型、聚财型和资源优化配置型改革，既具有针对性和前瞻性，又具有极强的战略意义。比如，探索建立全国性的建设用地、补充耕地指标跨区域交易机制，放开放宽除个别超大城市外的城市落户限制，试行以经常居住地登记户口制度等措施有利于提升要素流动性，有利于引导各类要素协同向先进生产力集聚。另外，在当下经济增长和财政收入因疫情而受挫的背景下，这种不花钱或少花钱却能带来巨量红利的改革不仅符合经济社会实际，也有利于激发企业活力、重启经济循环。

六是进一步扩大对外开放。习近平总书记指出，"中国开放的大门不会关闭，只会越开越大"。"十四五"期间，要坚持实施更大范围、更宽领域、更深层次对外开放，依托我国大市场优势，促进国际合作，实现互利共赢。首先要构建更高水平的开放型经济新体制，重点是发挥好自贸试验区等开放平台先行先试作用，打造市场化法治化国际化营商环境；其次要推动共建"一带一路"高质量发展，推进战略、规划、机制对接，加强政策、规则、标准联通，推动共建"人类命运共同体"；最后要在签署 RCEP、完成《中欧全面投资协定》谈判的基础上，加快实施自由贸易区提升战略，构建面向全球的高标准自由贸易区网络，推动建设开放型世界经济。

二　国际经贸格局观察

陈文玲[①]

当今世界，"百年未有之大变局"和百年未有大疫情交融在一起，使疫情暴发之前的存量问题和疫情之后的增量问题交织。疫情将是改变世界经济联系的一次突发性事件，今后一个时期，世界经济可能发生以下八个方面的改变。

第一大改变是人类面临的挑战将更加严峻。未来，全球不仅要与新冠肺炎疫情这样的公共卫生灾难做斗争，还要面对全球变暖、冰川融化、其他恶性传染病等诸多问题，威胁生命健康的问题可能会越来越多。

第二大改变是世界经济的不确定性、不均衡性、不稳定性陡然增加。2020年，疫情导致全球经济增速为负，中国虽然是全球唯一实现正增长的主要经济体，GDP增长率也仅为2.3%。2021年初，世界三大经济组织对全球2021年经济增长都十分乐观，但是，疫情问题、部分国家的债务问题等，导致全球经济增长波动回落，美联储对美国经济增长的预期已经下调到5%以下。在疫情影响下，发达经济体的经济增长不稳定，发展中国家、新兴经济体的经济增长更不稳定，且这些国家还会受到美元升值或贬值、流动性泛滥或紧缩的影响。流动性泛滥时，它们是受害者；流动性紧缩时，它们是被收割者。

第三大改变是通胀风险和通缩风险会交替产生。当前全球通胀

---

①　陈文玲，中国国际经济交流中心总经济师，国务院研究室综合司原司长、研究员，蓝迪国际智库专家委员会委员。

高企，煤炭、石油等大宗商品价格上涨，这主要是美国实行宽松货币政策导致流动性泛滥引起的。但目前各国已采取紧缩的货币政策，使大宗商品的价格逐步回落，PPI 的下跌还会向 CPI 传递，进而导致下一轮的通货紧缩。

第四大改变是债务和金融的风险不断加大。国际金融协会（IIF）的数据显示，2021 年第二季度全球债务已经升至 296 万亿美元的历史新高，较新冠肺炎疫情发生前上涨了 36 万亿美元。根据国际金融协会 2021 年 9 月的数据，到 2021 年底，全球的政府债务将超过 92 万亿美元，美国的债务占比最高；另外，全球国债负收益率持续增长，2020 年全球负收益率的国债总额达 19 万亿美元。很多国家的国债都是负利率、低利率、零利率。零利率和负收益率的长期国债给世界经济带来不确定性。此前一些国家可以用发债透支未来解决当前的经济困难，现在空间已被压缩，当前的金融风险是高债务。

第五大改变是供应链面临断裂的风险，供应链将加速重构。这主要由两大因素推动，一方面是疫情导致的自然熔断；另一方面是人为推动的阻断。美国虽然在力图重构以美国为主体的供应链体系，但是效果有限。全球供应链、产业链的基础是要有强大的制造业，美国的制造业产值增加值占 GDP 的比重仅为 10.8%，虽然美国具有基础研发优势以及高端产业关键技术和零部件研发及生产优势，但是供应链的主体已经不在美国，供应链东移是趋势。

第六大改变是金融体系重构。国际金融由于货币体系的调整和美元的升降起落会发生较大的变化。此前，国际大循环使美元、美债成为事实上的准国际货币，而当前国际大循环受到挑战，美元的国际地位也受到影响，世界对美元"望而生畏"，一些国家开始了"去美元化"行动。疫情之前，美元、美债在全球流通比较顺畅，美元在国际货币储备中一直占到62%以上，在结算货币中占到40%以上。而近几年美元的信用水平下降，2021年一季度在国际货币储备的占比下降到59.6%，在贸易结算货币的占比下降到约38%，低于欧元占比。

除了国际大循环出现问题之外，美国的内循环也出现了问题。美国国债原来靠美国的机构和居民购买，现在美国的居民购买率、机构购买率都在下降，60%以上新增国债由美联储回购，所以产生了真正的"内循环"。美国财政部部长耶伦多次呼吁要放宽上限，采取政策和中国合作，取消之前特朗普加征的高额关税等，这说明美元、美债的信用遭到了挑战。

未来国际货币体系将会有所变革，人民币比重虽然上升比较缓慢，但是人民币的信用、地位、影响力在提升。欧元在国际结算货币中的比重在某些时段已经超过美国。此外，数字货币也会影响国际货币体系的构建，数据显示，全球80%的中央银行已经在研发数字货币，20%以上的央行已经在试验数字货币。

第七大变化就是近年来越来越多的极端天气在各国发生。加拿大、美国遭遇创纪录的高温袭击，欧洲、南美洲、东南亚包括中国等都遭受了极端气候的影响。据有关国际组织预测，2040年前，非洲高山山顶的雪将全部融化。全球将面临越来越多极端气候的挑战。极端气候可能将是未来影响世界经济的一个突变的量，导致世界经济的不均衡性、不平衡性、不确定性增加。

第八个变化是能源的风险主要来自人为因素。能源本无风险，根据国际能源署对未来能源的预测，到 2040 年，世界对能源需求的年均增长率是 0.6%，不到 1%，低于 GDP 的增长幅度。但是如今世界却出现了能源危机，天然气、石油、煤炭等能源价格大幅上涨。这主要是人为因素导致的。一方面，部分国家宽松的货币政策导致流动性泛滥和通货膨胀；另一方面，部分国家有限产的情况。此外，疫情影响、运力价格上涨等也是重要因素。能源供大于求的总趋势没有变，最重要的就是减少人为因素的影响。

国际经济格局正在发生变化。面向未来，影响世界经济发展的变量又有哪些？

第一个变量是中国的快速发展。中国的经济总量占世界的比重越来越大，特别是占世界经济增量的比重越来越大，自 2008 年国际金融危机以来，每年中国经济增量占世界经济增量的比重，基本都在 30% 左右，中国经济的变化将对世界经济变化产生巨大影响。

第二个变量是美国经济的走势。虽然当前有分析认为美国经济正在走向衰落，但即使是衰落，也只是一个时点，而不是一个拐点。从各个方面来看，并没有出现明显的绝对衰落迹象。当前，美国依旧是世界第一经济大国、第一军事大国、第一技术大国。所以，美国经济如果出现大幅下降，世界经济就会整体下降，虽然中国对世界经济增量影响大，但是美国对世界经济总量的影响很大，中美两个国家的经济状况都会决定世界经济的整体走势。美国作为一个非常大的变量，其经济方面特别是货币政策的调整，科技政策方面是否能让更多的科技成果与全世界共享，都对世界的影响非常之大。

第三个变量是大国之间的竞争与博弈加剧。当前是多极化的世界，整个世界形成了若干个大三角形关系，包括中美俄、中美欧、美俄欧等，还有若干个四角关系、菱形关系、弧形关系等。虽然大国之间尤其是中美之间的竞争博弈在加剧，但是有一个明显的特点是，虽然美国重构盟友体系，但是现在的盟友体系与原来意义上的盟友体系已经不一样了。盟友不会绝对地选边站队，而是在不同利益诉求下进行新的排队组合，这也增加了国际问题和世界经济的复杂性和不确定性。

第四个变量是"东升西降"和"南北关系"的调整。第五个变量是科技革命加速，将会产生颠覆性、基础性和共性的技术。剩下五个变量分别是产业变革加速，国际货币体系重构，全球治理体系、标准规则与运行方式变革，能源和大宗商品供给需求关系的调整，全球价值观与文明的冲突、激荡与交融。

第二章　战略新兴产业发展趋势

疫情防控常态化背景下，国家先后出台了一系列恢复生产、平稳发展的纾困政策与行业发展新举措。地方政府与企业如何利用政策把握发展新机遇，则是其面临的一道关键选题。本章主要以双碳环保、数字经济、智能制造、生物医药、文旅、现代金融、教育七大战略新兴产业领域为重点，通过科学解读和精准梳理，把脉产业发展新趋势，助力地方政府以及企业寻找"双循环"下的高质量发展之道。

一　双碳环保：碳中和目标管理急需硬核技术标准化

夏　青[①]

2020 年 9 月 22 日，在习近平主席向世界承诺中国 2060 年实现碳中和目标后，让世界惊叹的是，能耗占全球近 1/4 且以煤为主要能源的中国竟然决心用 40 年完成这一任务，难度高于任何国家，使命感更高于任何国家，立即为全球所瞩目。特别值得称道的是，中国将 2030 年碳达峰目标置于碳中和的旗帜下，把承诺过的 2030 年单位 GDP 碳排放值作为 2060 年碳排放绝对值目标的一部分。所谓碳达峰，是碳中和目标的基线峰，而不是不受碳中和目标约束的碳指标高峰。这意味着我国进入碳指标绝对值评价新阶段，从 2021 年起即进入碳中和目标管理新时期。

当务之急是建立碳中和目标管理系统，要建立目标、指标、技术、项目、投资、效益六位一体的量化评价体系。目标要能层层分解，确保结果验证；指标要能量化评估，落实目标管理；技术要能见诸实效，证明硬核威力；项目要能持续发力，符合减污降碳标准；投资要能优化分析，产生金山银山；效益要能定期核算，享受生态福祉。

这一碳中和目标管理系统与政府计划、规划系统不同之处在于，以硬核技术为主线，用指标和项目细化规划和计划，用投资和效益提升规划和计划，从而接地气、干实事、见实效。

[①] 夏青，南水北调专家委员会委员，中国环境科学研究院技术委员会副主任委员、研究员，中国国际文化交流中心"一带一路"绿色发展研究院专家委员会秘书长，蓝迪国际智库专家委员会委员。

必须认识到，实现碳中和目标，不仅仅是中国能源结构的一次变革，还将影响中国人民生活方式的绿色改变，生产清洁化水平将大幅提高，生态文明价值观将深入人心，这一全方位的变革将促成绿色生产力对生产关系的更大推动力。所以，落实碳中和目标管理系统，不是某一部门、某一省市、某一行业的事，而是跨部门权界、跨地区区界、跨行业业界的综合管理系统；既可以实现效益共享、经验互学，又可以比出差距、发现短板。关键点是国家标准保碳指标量化，地方标准保差异化管理，企业标准促硬核技术创新，用标准化助力绿色发展。

（一）国家标准保证碳指标量化

只有碳中和目标管理从标准化开始，国内外才能互联互通，做到碳指标规范可靠。所以习近平总书记指出，中国将积极实施标准化战略，以标准助力创新发展、协调发展、绿色发展、开放发展、共享发展。

最先行动的是绿色金融。中国人民银行把完善绿色金融标准体系作为未来重点工作之一，强调"国内统一、国际接轨"的原则。为支持环境改善、应对气候变化和资源节约高效利用所进行的经济活动，就包括对环保、节能、清洁能源、绿色交通、绿色建筑等领域的项目投融资、运营、风险管理等所提供的金融服务。

绿色金融是重要推动力，而"国内统一、国际接轨"的原则，首先就应体现在碳指标的标准化上。对于碳核算，国内已经应用的IPCC清单方法，就是联合国政府间气候变化专委会（IPCC）颁布的为各国接受的成果。现在国家发展改革委正在从清洁生产的高度制定标准，即从淘汰"黑色生产力"出发，确定清洁生产准入门槛，凡有布局越红线、环保不达标、结构不合理、工艺难更新的企业，则被列入淘汰之列。只有能够进入清洁生产水平提升行列的，才要求其核算碳排放指标，源头治理方案，废弃物资源化、能源化水平等，将碳中和目标分解到每个企业的清洁生产指标中，真正使每日每时的生产活动与减污降碳相融合。过去提节能减排，只是完成减排任务而没有实现减污和降碳。碳中和需要体现减污、降碳目标各自特征，更加重视降碳指标是逼近碳中和目标的任务分解值。减污数量则受当地环境容量约束。

国家强制性标准保碳指标量化，实际上保证了碳中和量化目标的基线正确，使我国的数据在国际互认、碳指标交易、征收碳税等方面获得一定地位，更有利于让世界接受中国在减碳领域的突出进步，并在碳税征收市场取得先机和效益。

（二）地方标准保证差异化管理

中国的能源结构大多以煤为主，有水力发电、风能、太阳能、核能优势地区，加之环境地带性特征差异明显，必须防止"一刀切"。一城一策、一河一策、一区一策的任务，就与正确颁布地方标准密切相关。

长江大保护，在水资源、水环境、水生态、水安全、水文化五水共治的旗帜下，保护与发展的关系如何把握？上游是水电基地，肩负绿色电力和生态流量的调控任务，还要保证珍稀鱼类保护和城市发展，应在保护中发展。中游以江湖关系为重，既要保证调蓄水量、防洪抗灾，又要保护好"长江之肾"和"候鸟之家"，更要后来居上，超杭嘉湖发达区域，这就需要在发展中保护。长江下游主要为长三角绿色经济发展示范区，需要不断攀登绿色新高峰，实现江海统筹。根据长江上、中、下游的不同发展战略，不同地方标准保证碳中和目标的指标分解，体现差异最为重要。

黄河要建幸福河，需要幸福河良方。纵览黄河流域，上游水源保护，中游防洪治沙，下游绿色发展，例如黄河下游山东段的各城市特色又呈现绿色差异。济南"携河北跨"进入黄河时代，菏泽绿色兴起，泰山区域山水林田湖草生命共同体示范工程，都是山东省为黄河增添的生态亮点。硬核技术，是黄河山东段减污降碳的支撑，也是实现碳中和目标的坚实基础。从地理标志助力黄河下游乡村振兴、精准扶贫，到黄河口年轻的共和国土地展现黄河大美生态，再到连接黄河两岸绿水青山的众多桥、道，无不显示科学技术的创新力、影响力。在碳中和目标的指引下，通过推广中国好技术，深入开展能源革命，黄河山东段会成为更多硬核技术的孕育地。

因地制宜、特色发展，靠地方标准为发展与保护的统筹协调提供规范化保证，为恰如其分地制定碳中和路径提供指南。

（三）企业标准促进硬核技术创新

已经为各行各业所熟知的碳中和要求是，碳达峰碳中和目标要充分发挥好创新作为第一动力的作用。能源的绿色低碳发展要突破储能、智能电网等关键技术，支撑构建清洁低碳安全高效的能源体系。要发展原料、燃料替代和工艺革新技术，推动钢铁、水泥、化工、冶金等高碳产业生产流程零碳再造。加快发展新能源汽车技术，形成公路绿色低碳运输方式。同时，建筑领域要发展"光储直柔"配电系统相关技术，助力实现用能电气化。要发展碳汇、碳捕集利用与封存等负排放技术，着眼长远发展非二氧化碳温室气体减排技术。要加强产业技术集成耦合创新以及注重颠覆性技术创新，碳中和技术路线发展应考虑资源约束问题。要加强青年科技人才的培养。

上述要求，在实施层面还应加上"科技创新，企标为王"，突出企业标准的领航作用、实践验证作用，真正实现科技成果标准化，用标准化引领产业化。

碳中和目标管理的焦点是企业标准代表的硬核技术，要注重用数据说话，这样才能真正破传统技术之局，实现生态为本。各方面都重视大数据，强调智慧。殊不知若不能先将数据变为信息、产生效益，智慧就成了无源之水，每个企业标准带来的效益总和，就是标准化创新技术实现碳中和目标的综合威力。智慧是标准化引领产业化的总称，包括智慧决策平台、能源结构转化示范、绿色发展路径、金山银山模式、生态福祉享受等方面，需要有强有力的领导，依托跨界专家融合并开拓，开展碳中和攻关，贯彻落实习近平总书记在两院院士大会上刚刚提出的要求：科技攻关要坚持问题导向，奔着最紧急、最紧迫的问题去，要从国家急迫需要和长远需求出发。要增强企业创新动力，发挥企业出题者作用，加快构建龙头企业牵头、高校院所支撑、各创新主体相互协同的创新联合体，提高科技成果转移转化成效。要大力加强多学科融合的现代工程和技术科学研究，带动基础科学和工程技术发展，形成完整的现代科学技术体系。

碳中和目标管理给中国标准化战略实施提供了最佳机遇，只要真正理解碳中和目标对中华民族绿色未来的开创性意义，真正实施符合国情的创新决策，跨界融合形成合力，就一定能依托国标、地标、企标全面开花，实现生活、生产、生态齐出效益，让人民享受碳中和的生态福祉。

二 数字经济：2022年数字经济迈向历史新阶段

朱嘉明[①]

数字经济是以数字技术为基因、驱动力和基础建设的经济，目前已构成影响世界性经济发展的一个最重要变量。在过去的 20 余年间，甚至追溯到过去 50 多年间，半个世纪左右的时间，我国数字经济的技术体系一步一步、有节奏地形成了一个完备的体系，而现在我们可以对这个完备体系做全面概括，这是过去做不到的。2022 年，数字经济迈向历史新阶段，主要有以下十个特征。

第一，数字经济的技术基础会有更大的突破。数字经济需要非常丰富和强大而且不断创新的技术基础结构。2021 年，数字经济技术基础主要在算力方面、算法方面，虚拟现实技术方面以及量子技术方面都有相当大的突破，但是最有象征性的事件是元宇宙的出现和发展。我们可以把元宇宙本身理解为数字经济集大成。如今，"虚拟世界联结而成的元宇宙"，已经被投资界认为是宏大且前景广阔的投资主题，成了数字经济创新和产业链的新疆域。不仅如此，元宇宙为人类社会实现最终数字化转型提供了新的路径，并与"后人类社会"发生全方位的交集，展现了一个可以与大航海时代、工业革命时代、宇航时代具有同样历史意义的新时代。

第二，数字经济的新型价值形态会全面和充分地显现。2020年，数字经济中最有象征性的事件是去中心化金融（DeFi）。2021年，最有突破性的、被广泛接受的数字经济价值工具是非同质化代

---

① 朱嘉明，横琴数链数字金融研究院学术与技术委员会主席、中国投资协会数字资产研究中心专家组组长、蓝迪国际智库专家委员会委员。

币（NFT）。现在可以清楚地看到，NFT 将是未来数字经济发展最重要的价值形态。它丰富和发展甚至突破了人们原以为传统的数字货币；也可以认为，NFT 是数字货币发展的新的价值形态，也是未来数字经济深化发展一种必要的价值支持。

第三，数字经济的经济制度开始成熟。2021 年，在世界范围内，不论是北美、欧洲还是中国，政府都采取了极其有力的措施，来避免和改变迅速蔓延和恶化的数字经济，特别是互联网平台所构成的垄断现象，并且取得了相当重要的成功和突破。也就是说，数字经济在 2021 年迎来了如何在避免自然垄断或者寡头垄断的前提下健康发展的制度要求，这就构成了一个数字经济发展所需要的、重要的制度环境。

第四，数字经济的法律体系正在趋于完备。以中国为例，2021 年先后公布了《数据安全法》《个人信息保护法》，这些法律和相关一系列规定让我们看到数字经济正在被纳入法律体系的监管之下，这无疑有利于数字经济的发展。

第五，数字经济在区域发展、产业发展方面正在走向均衡。我们过去看到，数字经济主要集中在发达地区，主要集中在高科技产业。在中国，主要集中在长江以南、珠江三角洲和长江三角洲。在珠江三角洲，又主要集中在粤港澳大湾区。数字经济正在从长江以南向长江以北、黄河以北以及从东部向中部和西部移动。在西南地区，成都正在成为数字经济的重镇。在产业方面，数字经济正在从高端产业向传统产业蔓延和过渡。在农业这样的传统产业中，数字经济的影响和贡献也在明显地加大。

第六，支撑数字经济的新型组织的作用也在全面显现。数字经济显而易见地和非中心化的组织有相当天然的关系。这就是我们所说的去中心化组织（DAO）。在世界范围内，DAO 就是非中心化的公司正在成为支撑数字经济发展的新型经济组织形态。伴随着数字经济的进一步发展，新型经济组织形态会和数字经济有更加完美的结合。

第七，数字经济产业政策正在体系化。不论是发达国家还是新兴市场国家，所有的政府都开始关注如何扶植数字经济，因而形成了关于数字经济发展一系列的产业政策。这样的产业政策也在呈现体系化、系统化的趋势。而 2022 年将有支持、推进、鼓励数字经济发展的一系列产业政策出现。

第八，数字经济正在成为 GDP 增长的重心。在过去的三到五年时间里，数字经济正在成为 GDP 增长的重要引擎。数字经济对 GDP 增长的贡献，从 50% 以下上升到 50% 以上，这主要是指发达国家和中国。我们可以清楚地预见到，从 2022 年开始，GDP 增长、就业会在相当大程度上进一步向数字经济倾斜。数字经济将成为国民经济增长最重要的基础和前提。

第九，数字经济形态的国际贸易将成为未来国际贸易的主要形态。过去 WTO 讲全球化、国际贸易主要是指实体经济，或者是部分的服务贸易。现在，全球化以另外一种形态悄然开始平行于传统的全球化。这就是数字经济全球化和数字经济全球化相关的数字贸易。到目前为止，国际贸易组织、传统国际贸易公司以及相关的国际法律，还没有能力或者说相当滞后地面对事实上数字国际贸易的兴起，以及它对各国民众福祉的影响。

第十，数字经济正在影响民众生活的各个方面。数字经济已经融入民众生活、学习、教育甚至日常出行，这些都证明了数字经济的无所不在。现在正处于疫情的过程之中，在解决疫情所产生的挑战的同时，另外一个侧面就是疫情刺激了数字技术和疫情时代下数字经济的发展。我们不能设想，如果没有强大的数字技术和疫情所刺激的数字经济的支撑，我们将处于怎样的困境。

数字经济并不会局限于这十个方面，可能还有更多。但总的来讲，数字经济已经不再是人们的一个期望，或者是人们以为将来或者现在的一种转型过程，数字经济已经来临，数字经济已经主导了我们的传统经济，主导了我们的生活，主导了我们的教育，也主导了我们的想象力。我们常说的"80后""90后""00后"已经成为数字经济的主体。在数字经济发展过程中，一方面数字经济造成了数字之间的新型的社会差异、新型的数字经济鸿沟；但是另一方面，数字经济也有能力缩小鸿沟。这是我们所期望的，未来的数字经济应该成为人类数千年来所追求的共享经济。

三 智能制造:蓝迪国际智库助力智能制造产业发展

董 凯[①]

当今世界正经历"百年未有之大变局"，新一轮科技革命和产业变革催生新技术、新产业、新业态、新模式，数字经济浪潮席卷全球。中美等国在制造业推进的国家级战略部署进一步改变了制造业全球产业格局，"智能制造"已成为新的战略制高点。以智能制造为契机推动制造业高质量发展，既是中国数字经济与实体经济融合发展的主攻方向，也是实现双循环新发展格局的关键突破口。

---

① 董凯，工业和信息化部赛迪研究院产业政策研究所（先进制造业研究中心）所长、蓝迪国际智库专家委员会委员。

自"十三五"以来，通过标准体系建设、系统解决方案供应商培育等多项举措，我国的智能制造发展已从初期的理念普及、试点示范阶段进入深化应用、全面推广阶段。在政策支持方面，自2015年以来，国家出台了全面推进实施制造强国的战略文件及多个配套的行动指南，在明确智能制造具体发展规划的同时，完善智能制造基础设施建设，为行业发展提供保障。在技术发展方面，我国关于人工智能方面的研发始终保持火热，专利申请量位居世界第一。而5G、工业互联网和大数据等技术的逐步成熟，皆为中国智能制造产业发展奠定了坚实基础。在政策、技术与应用推广的叠加下，中国智能制造市场规模实现快速增长。2020年，中国智能制造行业市场规模达2.7万亿元，同比增长12.6%。诚然，中国虽是制造业大国，但仍存在区域技术发展不平衡、信息化水平发展参差不齐、标准化程度低等问题；加之行业存在较高技术壁垒，导致下游应用渗透率受限、智能制造人才缺口较大等现状，使我国智能制造发展还面临诸多挑战。

当前，智能制造已成为推动制造业高质量发展的强劲动力，其自身发展需求正在不断升级。因此，发展智能制造的紧迫性与必要性也逐渐凸显。2021年，蓝迪国际智库深度聚焦第四次工业革命浪潮中涌现出的问题与机遇，紧抓行业发展趋势，在智能制造领域进行了深入研究与参与，取得了丰硕成果。

（一）智能制造是全球主要国家战略布局着力点之一

近年来，发达国家技术工人短缺，新兴国家劳动力成本上涨，同时制造业又出现了制造地点分散、生产方式变更、制造技术日益复杂化等变革。世界各国颁布了一系列以"智能制造"为主题的国家战略，如美国联邦政府、行业组织和企业联盟联手形成的"三位一体"推动智能制造发展格局、德国工业 4.0 战略、英国工业战略白皮书等，都体现了智能制造在塑造国际竞争优势中的重要性日趋显著。

"十四五"时期，实现智能制造产业高质量发展，对统筹推进信息化和工业化深度融合，实现制造业质量变革、效率变革、动力变革具有重要意义。蓝迪国际智库以此国家关切问题为切入点，以提升决策参考性的担当精神和兼顾战略前瞻性与实际操作性的综合视角，敏锐地将智能制造产业链中的核心——工业母机发展作为研究选题，并联合中国电子信息产业发展研究院于 2021 年完成了《关于推动我国工业母机产业高质量发展的思考和建议》。该报告论述了我国工业母机产业发展现状及与日德美等发达经济体之间的差距，在此基础上分析了我国发展工业母机产业的紧迫性和必要性，并系统提出有关举措建议。目前，该报告已递送中央并获得相关领导批示，充分体现了蓝迪国际智库在为领导层提供富有建设性决策参考方面的精准度与优势。

（二）智能制造是我国制造业转型升级的主要路径

从 2020 年中国 GDP 产业结构来看，制造业对中国 GDP 贡献巨大。2020 年，制造业新增 GDP 为 26.59 亿元，占经济总量的 26.2%。在双循环制度与供给侧改革的推动下，制造业将维持当前高速发展趋势，其对中国经济的重要性也愈发凸显。因此，推行可帮助制造业进行转型升级的智能制造具有重大意义。智能制造能够优化制造业原本单一的直线流程模式，使其转变为各环节互动的环式结构，从而赋予制造业体系多组织协同与高效率特性，促进全社会资源配置效率提高。

蓝迪国际智库面对中国制造业智能化的现实问题，在提升产业链韧性和区域制造业水平、实现智能制造全面发展方面持续发力。2021年，蓝迪国际智库在浙江省余姚市参与承办了第七届中国机器人峰会暨智能经济人才峰会。峰会的举办对于培育余姚市制造业新优势、推动制造业转型升级、加快制造强市建设具有重要作用，也为余姚经济高质量高水平的发展增添了强劲动能。

（三）智能制造拥有广阔的应用场景

智能制造行业在生产的各个方面全方位地推动制造业智慧化转型，其高生产速率、高产品质量和高生产弹性等特点相较传统生产模式拥有较明显优势。当前，智能制造技术已逐步应用在智能产品、智能工厂、智能管理等场景。未来，随着新技术在人工智能等领域取得突破，其将进一步推动钢铁、3C电子、汽车、医疗等行业数字化、智能化改革，从而释放相关行业的产能；同时，也将催生出具有强关联性和广阔发展前景的新产业、新业态，依托我国纵深多样、潜力巨大的国内市场需求，必将发展成为重要的经济增长点。

蓝迪国际智库在推动地区经济发展，帮助区域实现制造业、服务业和新技术的联动方面也做出了诸多贡献。在第七届中国机器人峰会暨智能经济人才峰会期间，蓝迪国际智库组织举办"蓝迪国际智库机器人企业专场对接会"，充分运用平台资源，邀请蓝迪国际智库平台优秀企业代表和金融机构代表参会，聚焦机器人和人工智能、工业互联网、数字经济、智能制造，精准把握机器人及人工智能领域技术创新动态和产业发展趋势，为余姚机器人产业规划进行顶层设计，并促进项目对接和落地。

面向未来，智能制造预计将会呈现以下发展趋势。一是创新能力会整体加强。《"十四五"智能制造发展规划》提出的重点任务之一即加快系统创新，要攻克关键核心技术，形成智能化发展的创新网络。开展智能制造技术攻关、智能制造装备创新发展等专项行动，将有助于增强自主创新能力，降低关键技术与高端装备对外部的依存度。二是质量效益会不断提升。制造过程逐步实现自动化、集成化、信息化，以数据为基础，满足产品的个性化、定制化的需求。企业将不断加强智能制造水平，不断提高设备的数字化和网络化，建设智能化车间，大量应用集成技术，挖掘分析生产制造数据，从而优化生产运营战略，提升应对市场风险的能力。三是绿色发展会持续得以优化。智能制造能够提升生产效率、技术水平和产品质量，实现制造过程的智能化、绿色化发展，是改变部分传统制造业会产生大量污染物现状、满足国家绿色环保政策监管要求的不二选择，行业的应用需求也会持续上升。四是数字化全方位全流程渗透。推动智能制造的目的在于产业升级，在于对整个产业生态系统的变革。因此，着眼于广大企业、各个行业和整个制造产业由装备智能化向制造工艺智能化转型将是智能制造未来的发展趋势。

四 生物医药：变革下的中国新药产业

毕井泉[①]

生物医药是造福于人类健康的伟大事业，也是永远不会过时的朝阳产业。为生物医药产业发展创造一个良好的体制和政策环境，既是满足人民群众健康的需要，也是生物医药企业共同的呼声。

[①] 毕井泉，第十三届全国政协经济委员会副主任、中国国际经济交流中心常务副理事长、国家食品药品监督管理总局原局长、蓝迪国际智库专家委员会委员。

2015 年以来，在党中央、国务院的坚强领导下，国家食药监局以解决审评积压为突破口，开展了包括核查药品临床试验数据、提高审批标准、简化审批程序、实行上市许可持有人制度、推进仿制药疗效一致性评价、加强以临床为核心的审批能力建设、建立药品专利补偿和链接制度等一系列改革，并加入了国际人用药品注册技术协调会（ICH）。一系列鼓励药品创新的体制机制变革，提高了药品和医疗器械审批的效率，激发了生物医药创新和投资的积极性。香港证券市场和内地科创板对未赢利企业的开放，使诸多这类生物医药公司的上市成为可能，为生物医药产业创新增添了强大动力。

如今，生物医药已经成为科学家创业、投资人追捧的热点，成为地方经济发展的重点关注领域。"十三五"期间，中国批准上市的新药数量占到全球的 14.8%，本土企业在研新药数量占全球的 32.3%。2021 年，中国新启动的核心临床试验数量已经超过欧盟，仅次于美国。2015 年以来，中国生物医药产业累计融资超过 1.5 万亿元。[①] 中国发展生物医药，有人口多、市场规模大、临床试验成本低、选择受试者相对容易的优势，但也存在基础研究薄弱、居民收入水平低、市场承受能力有限等劣势。

在中国，做创新药不容易，养创新药更不容易。在我国药物发展的历史上，曾经出现过屠呦呦等著名的科学家，取得过举世瞩目的科研成果，这些都是我们引以为豪的榜样。但是在总体上，我国的生物医药创新起步比较晚，近几年批准上市的创新药绝大部分属

---

① 《毕井泉 | 在 2021 北京大学全球健康发展论坛上的致辞》，http://www.ghd.pku.edu.cn/xsyj/xslt/dejqqjkfalt/823fb36130f74a439dd7c3f86348e272.htm，2022 年 1 月 4 日。

于跟随式、引进式创新，新靶点、新化合物、新作用机理的原创新药寥若晨星。即使这样，这也是历史上的进步。我们把跟随式、引进式创新做到同类更好、同类更快，也有临床价值和经济可及价值。但是也要看到，这样的创新数量不能太多、时间不能太晚，如果不能做到更好更快或者研发失败，投资变成沉没成本的结局也是不可避免的。创新药需要有其独特的临床价值，首先要解决未被满足的临床需求，也就是无药可医的急需，围绕这个目标的创新，做成功的药，那就是救命的药。对于病人及其家庭来说，这就意味着一切，所以创新药的价值是不能单纯用价格价值来衡量的。

生物医药的研发是一个烧钱的事业。早在1997年，研发一种新药平均需要十年的时间，投入十亿美元，而现在又要比这个数字高出很多。真正的创新，是"九死一生"。进入临床研究的十个项目中，最终能够成功上市的只有一个，九个失败的项目成本都要摊到一个成功上市的药品上。创新药的临床推广，还需要具有相当资质的医药代表，到医院教会医生正确使用药品的知识，市场开发巨额资金投入的压力也是很多小型科技型企业不能承受之重。创新药的高风险，应该对应高回报。面对九死一生的高风险，很多人会选择放弃，但是临床有需要，市场有需求，这就是高回报的机会。如果承担高风险，不能有相应的高回报，就不会有人愿意从事新的生物医药研发。对这种高失败率的产业，应该允许企业一旦成功，能有高额赢利，这样才会有人愿意坐冷板凳搞研发，才会激发人们创新的积极性，才会有创新型国家建设。如果没有一个良好的价格机制，生物医药的专利保护和数据保护，也就没有了意义。

创新药定价，是探索并逐步趋向合理的过程，生物医药研发需要进行项目估值，研发者、投资人都有参考性的价格，但是这个价格能不能被市场所接受，要通过实践来检验。一般的规律是，产品上市先定一个高价，随着市场开拓逐步降价，很少有定下价格始终不变的市场销售策略。同时，第一个市场的定价决定产品在其他市场的定价，真正的研发型企业一定是能够面向全球市场的企业，产品属于"全球新"、有专利、有确切的疗效。不仅仅满足于在中国申请上市，而且能够到美国、欧洲、日本等市场申请上市。如果预期成本定价过低，企业就会寻求先到价格最高的市场去申请上市。

我们应当从战略意义上来认识生物医药的创新。从整个中国产业转型和科技创新的未来发展方向来说，生物医药是最有可能让中国的创新技术产品走向世界、服务全人类的产业，是具有战略意义的产业。

我们也要充分认识中国创新药的商业模式。生物医药产业风险太大，实现周期太长，只有积累了一定资金的风险基金愿意做生物医药投资，它们也期待着通过产品上市来获得回报，从而能够进一步投资创新药，形成良性循环。如果我们认识不到生物医药产业独特的商业模式，具体政策机制不能鼓励创新，也就没有人愿意承担风险。最后，受影响最大的还是无药可医的患者。

我们应当认识稳定市场预期的重要性。中国的生物医药研发企业普遍规模较小，资金实力较弱，主要依靠社会资金支撑新药研发，如果没有稳定的投资就会选择退出，生物医药就很难继续进行下去。

我们应该支持创新、鼓励创新。生物医药的创新依赖于强大的基础研究。要增加生物医药投入，改革科研管理体制，尊重科学家首创精神，允许科学家个人享有部分权益，激励科学家发明创造的积极性。

生物医药创新依赖于监管的高质量、高效率。要在临床试验、伦理审查、遗传物质审查、审评审批各环节对照国际标准，找出差距，完善政策，缩短伦理审查、临床试验和审评审批时间，努力降低研发成本，提高中国生物医药研发服务的国际竞争力。

生物医药创新依赖于多层次医疗保障体系建设。要认真落实"十四五"规划中健全多层次医疗保障制度的要求，抓紧起草商业医疗保险法，明确商业医疗保险基本原则和相关税收政策，将商业医疗保险纳入保障监管。

生物医药创新依赖于各国科学家、产业、监管部门的合作。要加强生物医药领域国际合作，特别是抗癌药物的国际合作，统一临床试验标准，优化监管流程，提高监管效率，搭建更多像由中国医药创新促进会与蓝迪国际智库共同主办的中国医药创新与投资大会这样的国际化合作平台，让更多的创新药走向国际市场，惠及更多国家和人民。

五　文旅：后疫情时代文旅产业的发展

唐晓云[①]

时间迈进被疫情深刻影响的第三年，当前我国国内旅游市场景气度正稳步回升，旅游经济运行全面复苏向上的基本面已经形成。市场规律中，危机之下会孕育新的机会。疫情影响了人们的消费习惯，却为文旅行业发展带来了新的拐点。

---

① 唐晓云，中国旅游研究院（文化和旅游部数据中心）副院长、蓝迪国际智库专家委员会委员。

（一）新冠疫情对文旅产业产生的影响

新冠肺炎疫情在全球范围内蔓延，给世界经济前景蒙上一层阴影。在这场持久的抗争战斗中，文旅行业无疑是受疫情影响最严重的行业之一。究其影响主要体现在如下几方面。

一是使整个产业的发展受到重创。2020年初疫情出现后，随着国际与国内各省市之间的通行受到管控，我国国内外旅游业绩出现断崖式下滑，全年国内旅游收入同比下降61.1%。[①] 进入2021年后，我国的抗疫工作取得了新进展。虽然局地受散发疫情扰动，我国国内循环旅游市场总体保持平稳有序，疫情防控常态化的旅游市场有所恢复，但疫情带给我国文旅行业的冲击还是灾难性的。

二是深刻改变了旅游市场格局。新冠肺炎疫情阻断了国际旅游的发展，同时迫使旅游市场形成以国内旅游为主体的内循环格局，使中国国内旅游市场分层分众更加复杂，游客消费需求既有出境回流的中高端消费，也有逐步走向品质化的大众市场，还有四五线城市新兴市场的初级消费。

三是加速推进了旅游业的数字化进程。疫情以来，一些传统旅游业态在逐步消解，众多旅游企业只有依靠不断创新才得以生存。数字化引领的产业升级进一步消解了传统旅游服务供应链下的产业边界，经历疫情和市场双重洗礼的旅游业将迎来科技支撑的产业格局重构。

四是倒逼旅游行业治理和公共服务现代化。疫情发生以来，人们对卫生、防疫等方面要求的提高倒逼旅游服务方式、服务流程和服务质量升级。多个主管部门以景区为抓手推动"预约、错峰、

---

① 《中华人民共和国文化和旅游部2020年文化和旅游发展统计公报》，http://zwgk.mct.gov.cn/zfxxgkml/tjxx/202107/t20210705_926206.html，2021年7月5日。

限流"的数字化管理升级，以"云直播""云展览""云演艺"等方式进行目的地推广和线上服务加速了行业治理的现代化进程。

（二）文旅产业发展趋势

不难看出，新冠肺炎疫情不仅给旅游业造成了沉重打击，也在一定程度上对旅游消费市场的发展产生了深远影响，并进而引致整个旅游产业发展方向的调整。因此，2022 年文旅行业发展将呈现以下几点趋势。

1. 品质化将是旅游消费发展的主方向

追求生活品质、追求理性和从容的消费、注重家庭消费是品质化消费的一些基本特征。品质化在旅游方面主要表现为对美好生活的更多需求，文化消费的增长，家庭游、定制游逐步大众化，VR、AR 等新兴技术以及人工智能等创意带来的旅游消费方式的升级。

针对这一趋势的形成判断基于以下方面。一是消费群体的年轻化。以"90 后"和"00 后"为代表，其所倡导的新消费主义、文化自信、务实理性和强自我意识逐渐占据潮流，其所带动的个性化细分消费和分层市场消费将会更加明显。二是境外游客回流。疫情对出入境的限制导致了出境游客的回流，对国内旅游业的发展也提出了更高的要求，要在提升服务品质和专业程度以及发展多元化、多层次旅游产品方面下功夫。三是文化对旅游消费的赋能作用加深。如今越来越多的人拥有了文化消费能够提高生活质量和幸福感的共识，文化消费已经超越了基本消费，进入一种发展性消费的范畴。文化游、工业游、研学游等旅游新业态的大量涌现，得益于国家政策层面的引导，也受到游客对旅游产品文化内涵需求的驱动，"文化+旅游"的融合也促进了更多产品和服务的创新。

2. 数字化将成为文旅行业效能提升的主渠道

在年轻人逐渐成为消费主体的当下，对于新鲜事物的接受度正在不断提高，相应地催生了数字技术加持下文旅行业的新业态。从目前产业层面来看，整个旅游领域里游客行为的数字化已经非常明显，基于这些游客行为的数字化，包括依托互联网、移动互联网和各种物联网形成的旅游数字经济，都对产业数字化和面向产品管理层面的数字化创新和研发提出了高要求。技术的进步与发展为文旅业带来了更广阔的想象空间，数字化技术逐渐被运用到文旅产品当中，互联网技术的应用也使景区运营管理更加高效。数字化的提升同时表现在公共服务对管理危机的应对。疫情过后，整个公共应急体系的建立，必将需要有一个整体素质化的规划和底层处理设施的建构，各种大数据技术的融合都将为旅游业的发展提供更多智能化、精准化的服务和供给。

3. 均衡化将是旅游业时空演变的主格调

改革开放以来，无论是东中西、南中北旅游空间格局，还是黑夜和白天的时间格局都处于一种非均衡状态。非均衡是经济社会发展的常态，但过度差异会造成旅游权利的不均等和发展不均衡，因此在非均衡的发展中寻找均衡发展机会是经济增长的重要路径。这就要求我们重新审视旅游领域的三对关系。

一是工业化背景下城镇与乡村的关系。大城市在新一轮城市更新和产业升级中将增加更多消费产业和生活功能，乡村则将分流承接更多的生产性功能和公共服务功能。这一背景下，城镇居民对于闲暇的需要会继续增加，并促使其寻找一种日常化的休闲空间，都市休闲成为常态，近郊和乡村是城市居民休闲的最好距离。近来，国内出游距离出现了中短程化、高频次趋势，事实上也反映出城乡居民旅游消费需求进一步近程化、高频化、休闲化发展的特征。

二是空间上内陆与海洋的关系。过去，我们在旅游发展中更多地关注内陆，对山地旅游发展的不足和对海洋海岛旅游发展的忽略较为突出。但海洋旅游是旅游休闲化和产业成熟的特征之一，当前无论从优化国内产品吸引入境客源，还是从国内居民品质化休闲需求本身考虑，我国发展海洋海岛旅游的机会都已经来临。

三是时间上白天与夜间的关系。当前旅游消费中约70%来自白天，30%来自夜间。大众旅游时代，要想实现旅游业健康可持续发展，提升产业的品质与效益，就要改变这种格局，发掘不同时期的旅游特色，使白天夜间相得益彰，让全时旅游成为常态，从而突破非均衡关系，推动旅游新发展。

疫情虽然阻断了国际旅游经济循环，却增大了未来国内旅游经济内循环的潜力，这对整个文旅行业是一次快速洗牌，企业只有在战略上紧跟国家思路并深思未来疫情变化发展情况，才能从这场挑战中存活下来。目前，我国已有一批优质企业着眼于满足消费群体对个性化、品质化消费的需求，打造高品质旅游项目。同时，蓝迪国际智库作为培育、推介企业的优秀平台，也在帮助企业拓展中国文旅融合新市场的过程中贡献了力量。2021年，蓝迪国际智库与国内具有代表性的文旅企业华谊启明东方展开深入交流合作，曾两次组织专家到企业城市文化产业集群总部调研，并建立了战略合作。蓝迪国际智库在此过程中全力帮助企业了解国家重大区域发展战略，把握产业发展特点规律和资源要素条件，并依托强大的资源网络在区域发展中努力推介，结合企业自身的高新技术与知识产权，共同打造了中国文化旅游新时代的崭新作品。

此外，蓝迪国际智库也将文旅作为重要支柱产业在多次区域发展咨询会中加以研讨，如 2021 年 6 月召开的海南省商文旅高质量发展专题研讨会，围绕海南全域旅游时代下的传播与旅游推介、城市文化 IP 对海南自贸港创新发展的思考、数字化时代的智慧全岛旅游等议题展开了讨论，充分思考如何推动海南省商文旅产业的发展；又如 2021 年蓝迪参加了首届中国城市文化发展大会，代表在发言中着重强调了文化消费模式的转变及文旅深度融合发展的形态，充分肯定了"文化+旅游"在疫情防控期间对于满足人民群众精神文化需求、带动经济社会发展中发挥的作用。

面向未来，我们相信疫情终会过去，旅游业也终会振兴，但是传统的旅游发展模式及与其相适应的旅游发展理论，以及相关的资源规划、发展动能和组织方式注定要发生改变。后疫情时代的旅游业不是简单地回到过去，而是要运用新思维、新动能和新模式，使产业效能得到充分释放。

相信 2022 年文旅业的变革升级将会更加明显。我们一起拭目以待。

六 现代金融：数字时代下的金融发展

李礼辉[①]

数字经济时代，"产业数字化"是其核心，它指的是应用数字

[①] 李礼辉，第十二届全国人大财经委委员、中国银行原行长、中国互联网金融协会区块链工作组组长、蓝迪国际智库专家委员会委员。

技术和数字资源为传统产业带来产能和效率的提升，是数字技术与实体经济的融合。而产业和金融是相互融合与促进的关系，随着数据的流通和数字技术的深度利用，"产业数字化"也带动了"金融数字化"加速发展，即运用技术和数据资源使金融服务渗透到产业各个场景，赋能实体经济高质量发展。

当前，推动数字技术与实体经济深度融合已成为社会共识。"十四五"规划将"加快数字化发展 建设数字中国"作为独立篇章呈现，凸显出"推动产业数字化发展"在"十四五"时期的重要性。数字金融在赋能实体经济、推动产业数字化转型方面的优势逐渐显现，其内涵与概念也受到越来越多的关注。通过分析数字金融的发展历程，结合新的顶层设计精神，可总结归纳出几点数字金融未来的发展趋势。

（一）金融与科技的结合日益紧密

以大数据、人工智能、区块链为代表的新一代数字技术对数字经济发展的重要推动作用，以及在此大背景下金融科技、数据资产、数字货币等一系列数字金融构建的新技术、新业态、新模式给金融理论、实践和监管带来了前所未有的机遇和挑战。技术创新正在更加广泛地被应用于经济金融领域，使金融业的服务模式、管理模式和商业模式的变化更加深刻。

作为我国信息化前沿的核心行业，金融业信息技术应用创新一直是行业建设的重点。《金融科技发展规划（2022-2025年）》的正式出台，也为金融科技的未来发展描绘了清晰的蓝图，围绕顶层设计的逐步落地成为行业发展重要趋势。产业各方要通过对前期金融科技发展进行回顾总结，重点发掘发展中存在的核心技术缺乏等问题，形成主要的技术突破方向。此外，多技术融合也将助力金融服务的智慧升级，更加多元融通的服务渠道将会出现，从而为中国人民提供更加丰富的金融服务与更加便利的服务流程。

随着金融与科技双向互动合作愈加频繁，其合作广度不断拓宽。金融科技产业生态参与主体开放意愿正逐步提高，合作形式更加多样，许多机构也在促进金融与科技融合方面不断发力。蓝迪国际智库作为战略合作伙伴在 2021 年参与了在澳门举办的"BEYOND 国际科技创新博览会"，这场会议以科技创新和科技对社会各产业的影响力为焦点，聚焦前沿科技，展现科技在现今和未来社会各行业的影响力。会议以线下圆桌会议及线上演讲的方式构成了全方位的投融资国际交流平台，共同探讨了前沿技术、创新产品和业务机遇，极大地推动了科技创新与金融资本的融合。会场中设立的科技金融特色展区呈现了银行数字化创新产品服务、科技金融普惠金融服务等丰富内容，展示了科技与金融的相互融合为用户提供的多重便利。

（二）数字金融推动绿色金融发展

在"碳达峰碳中和"背景下，国家出台多项政策支持绿色金融发展。《中共中央 国务院关于完整准确全面贯彻新发展理念做好碳达峰碳中和工作的意见》明确指出，积极发展绿色金融，有序推进绿色低碳产品和服务开发。为顺应时代发展，响应政策号召，越来越多的数字技术被深度运用在绿色金融领域。

以数字人民币为例，其作为绿色金融的重要组成部分，在推动绿色低碳生活方面具有一定的价值。数字人民币具有低成本、高效率、安全可靠等特点，可以节约货币流通成本，节约印制现钞所需要的纸张，今后随着数字人民币发行数量的逐步增长，印钞、发钞以及旧钞回笼和销毁所需的资源和成本就可以被逐步缩减。而在如今，移动支付的巨大市场中，数字人民币逐步作为官方支付方式，将进一步提高支付的效率和可靠性，实现支付普惠和金融普惠。

中国目前已形成多层次绿色金融产品和市场体系，下一步将继续推动产品创新和市场稳健发展；同时，有必要策划数字人民币的国际化。中国的央行数字货币实验领先全球，在央行数字货币全球化进程中，应力争主导地位，抓紧研发数字人民币的批发型功能，适应金融机构之间支付清算的需求，在数字金融全球制度建设中积极争取话语权。

（三）数据安全的治理力度加大

金融业在数字化、智能化转型过程中，持续与多种前沿数字技术深度融合，算法、数据、网络等面临的安全形势持续严峻。因此，更加需要切实保护数据隐私、保护数据安全。未来，关于数据安全的治理力度将会持续加大。

在数据隐私保护方面，需要有来自两方面的突破：一是制度创新，二是技术创新。在制度创新方面，要强调数据所有者对隐私数据的基本权利。具体措施包括规定企业收集和处理数据必须得到数据所有者的明确同意，规定企业不得超越约定范围收集处理和使用数据，同时也应该给予数据所有者要求数据占有者删除涉及本人隐私数据的权利等。在技术创新方面，要通过技术手段实现数据要素融合应用和安全保护。应在维护国家金融安全的大目标下，应用安全的数据技术，建设安全的数据基础设施，建设有效的数据安全制度，保障数据采集安全、数据存储安全、数据处理安全、数据应用安全，保护数据隐私。

（四）金融机构加快数字化转型

疫情影响叠加产业互联网时代来临等因素，各行各业的数字化升级都开始提速。以银行业为例，这些全新的变化带动了数字支付交易和增值服务需求的增加。金融机构客户群体庞大，个体需求差异较大，金融机构素来对高效的产品推广设计和精准化的客户营销需求不减。因此，银行业等金融机构数字化科技化转型已是大势所趋。

但这当中所存在的主要问题是，与大型银行和股份制银行相比，中小银行的数字化科技化转型在资金投入、科技人才、数据基础和技术研发等方面相对薄弱，因此亟须探索出一套能够符合中小银行自身发展特点的转型模式。解决这一问题可以从三方面思考：一是建立金融科技联合中心，并考虑引进具有技术实力和资本实力的投资者统一负责金融科技研发、运行和维护；二是与有实力的科技创新企业深度合作，充分集合并运用资本力量和科技力量；三是高度关注数字金融安全问题，必须构建用户相互信任、信息真实对称的技术环境，要求保证数据可靠传输，保护个人隐私。

（五）金融监管体系进一步创新

我国作为经济大国，维护经济金融稳定大局、主动防范系统性金融风险是金融底线。金融产业的创新呼唤监管创新。目前，我国金融监管的短板相较于金融创新略有滞后，协调性偏弱，穿透力不足。金融监管的提升可关注两方面：一是建设金融领域集中统一的数据库，采取统一标准和口径，整合不同行政管理部门的数据资源，形成能够支持数字化金融监管的基础设施。二是加快构建穿透式的金融监管系统。系统由金融监管部门共建共享，应该覆盖所有的金融机构，应该穿透不同领域的金融市场和金融业务，从而实现金融监管全流程、全方位的智能化，超越流程复杂、耗费资源的现场监管，降低监管成本和被监管成本。

关于上述提到的几点趋势与建议，无论是在全国范围还是地区发展建设中都应该加以考虑。笔者在 2021 年蓝迪国际智库承办的"中国（海南）自由贸易港双循环与对外开放新格局"高层咨询会上，针对如何打造一个自由便利、富有竞争力的"数字海南"做过演讲，从"探索建立共享征信系统、自由贸易认证系统及穿透式的金融监管系统""打造支持金融资产数字化和数字著作产权化的平台，以及能够连接全球的数字资产交易市场"等方面提出了思考意见。蓝迪国际智库这样致力于助力地方经济社会高质量发展的优质平台通过其所举办的活动，向公众将数字时代下新金融产业发展的趋势做详细剖析并提出建议。如果能真正将数字化金融的转型升级融入各区域发展的建设规划中，相信也会是非常有意义的事情。

七　教育：职业教育的成就与发展

鲁　昕①

"十四五"时期是我国乘势而上开启全面建设社会主义现代

---

①　鲁昕，第十三届全国政协委员、中国职业技术教育学会会长、教育部原副部长、蓝迪国际智库专家委员会委员。

化国家新征程、向第二个百年奋斗目标进军的第一个五年。按照"十四五"规划建议，教育发展进入新阶段，就是建设与新发展格局相适应的高质量教育体系，增强职业教育的适应性。

（一）职业教育的历史成就与贡献

职业教育在中国整个教育版图中占有绝对比重，目前为45%～50%，而未来的比重应达到70%。党的十八大以来，我国职业教育战线全面贯彻落实党中央、国务院关于发展现代职业教育的战略部署，积极对接国家重大发展战略，紧跟科技进步，对接市场需求，建成了世界上规模最大的现代职业教育体系。职业教育为支撑国家经济发展作出重要的历史贡献主要体现在以下几方面。

一是职业教育为增加受教育人口总量、建立科学的教育结构作出了历史性贡献。党的十八大以来，我国建成了世界上规模最大的职业教育体系，年均向社会输送 1000 万名毕业生，年培训量达1.5 亿人次左右。中、高等职业教育分别达到普通高中阶段教育和普通高等教育规模的近半数。

二是职业教育为推动产业门类齐全、经济转型升级作出了历史性贡献。职业教育专业覆盖所有产业门类，在现代制造业、战略性新兴产业和现代服务业等领域，新增一线就业人口中 70% 以上来自职业院校。特别是重点加强智能制造业、精准服务业和现代农业领域重要职业和关键岗位技术技能人才培养，为我国新经济、新技术、新业态提供了强有力的人力资源支撑。

三是职业教育为促进就业、提高中等收入群体比重作出了历史性贡献。职业教育学生就业持续走高、走好。毕业生初次就业率仅低于"985"高校，超过"211"高校和普通本科高校。党的十八大以来，全国技能劳动者占当年就业人口的比例从12.8%提高到18.4%。职业教育通过提高劳动者素质、技能和就业能力以及收入，持续服务扩大中等收入群体比重。

四是职业教育对打赢脱贫攻坚战、促进教育公平作出了历史性贡献。职业教育直接服务民生，服务脱贫攻坚，促进教育公平。我国职业院校学生多为农村或者家庭经济较为困难的学生，职业教育承担着提高农村和经济困难家庭就业质量、提升其生活水准的重任。每年有近300万个家庭通过职业教育实现了拥有第一代大学生的梦想。"职教一人，就业一人，脱贫一家"，职业教育成为打赢脱贫攻坚战的重要力量。

（二）职业教育未来的发展趋势

职业教育是国民教育体系和人力资源开发的重要组成部分，是广大青年打开通往成功成才大门的重要途径。伴随着我国教育产业改革创新的不断推进，职业教育已逐渐展现茂盛的状态，未来也必将朝着品质发展壮大奋进。

1. 职业教育与行业结合更紧密

我国职业教育处在教育模式的转型期，我国产业结构也正面临着调整。未来，职业教育与行业领域将形成紧密的合作关系，甚至行业内大量的企业将会深度参与职业教育领域。职业教育的进一步发展需要通过与企业密切的合作，而企业的技术革新和产品升级也离不开拥有高技能人才的职业院校的技术支持。从本质上说，只有职业教育与企业发展各自有其内在需求，才会催生学校与产业界的合作。

"十四五"时期，现代职业教育改革创新的着力点之一便是深化产教科融合，为科技强国建设提供人才支撑。职业教育必须对接市场需求与发展趋势，以城市为节点、行业为支点、企业为重点、学校为落脚点，服务和支撑区域主导产业、支柱产业和战略性新兴产业，深化产教科融合、校企协同育人，为"十四五"时期实现科技自立自强提供有力支撑。

2. 职业教育紧跟科技进步

近年来，新一轮科技革命和产业变革深入发展，新产业、新业态、新模式、新需求催生新的经济增长极。新冠疫情也按下数字经济发展和产业数字化转型的"快进键"，人工智能等新技术深刻影响着各领域发展。作为一种复合技术，人工智能正在不断给各行各业、各类工作岗位赋能，不仅影响经济发展，还在不断改变、催生、颠覆、重塑、完善教育产业。这种发展趋势必然要求教育从学科布局、人才培养模式、课程体系等方面进行全方位回应，要将人才培养与科技进步、与市场和企业的需求对接作为历史使命。随着数字经济的蓬勃发展，新的工作场景对人才培养提出了新要求。我国"十四五"规划建议中提出，要加强对两类人才的培养：一是创新型、应用型、技能型人才；二是基础研究人才。职业教育要紧跟科技发展趋势，以市场需求为基础，构建新知识体系、新技术体系、新技能体系，推动实训系统数字化和虚拟化，实现学生动手能力数字化升级。新一代信息技术的集成创新已对人才的素质结构、能力结构、技能结构提出了全新要求，职业教育专业升级和数字化改造势在必行。

3. 职业教育社会地位不断提高

职业教育是教育初心的重要组成部分，具有自身特点，它肩负着为经济和社会发展培养特殊人才的使命，同时要具备促进人才全面发展的作用。职业教育直接关系到一个国家经济发展的质量和速度，直接关系到一个国家劳动力素质的水平高低。

目前，职业教育的重要性已在多方面有所体现，尤其是在打赢脱贫攻坚战的进程中，教育是治本措施，发挥了不可替代的重要作用。从人才培养看，职业教育帮助贫困人口掌握实用技术技能，提升就业创业能力；从服务产业发展看，职业教育为贫困地区特色优势产业发展和基本公共服务提供人才支撑。党的十八大以来，职业院校已帮助 800 多万名贫困家庭毕业生接受职业教育培训。实践充分证明，在打赢脱贫攻坚战中，职业教育扶贫见效快、成效显著。同时，在提高中等收入群体比重方面，职业教育也作出了巨大贡献。我国目前的中等收入者已有 4 亿人，"十四五"期间预计达到 7 亿~8 亿人，这一目标的实现关键要靠教育，尤其是靠职业教育。

习近平总书记曾在全国教育大会上强调，我们要抓住机遇、超前布局，以更高远的历史站位、更宽广的国际视野、更深邃的战略眼光，对加快推进教育现代化、建设教育强国作出总体部署和战略设计，坚持把优先发展教育事业作为推动党和国家各项事业发展的重要先手棋。遵循顶层战略部署，结合时代发展趋势，职业教育在未来的社会地位将逐渐提高，这对于职业教育的长期发展也会起到良好的促进作用。

过去一年，笔者受邀在多个蓝迪国际智库举办的活动中进行了职业教育发展前景的相关阐述。蓝迪在助力产教融合、促进教育产业发展方面也做出了许多努力。例如，2021 年 7 月在余姚市举办的蓝迪参与承办的第七届中国机器人峰会暨智能经济人才峰会上，笔者与参会嘉宾探讨了人工智能预计给教育带来十个方面的变化，并总结出包括对接科技进步发展趋势、融入技术迭代进程、构建产教科融合教学场景等十项教育变革所要面对的重大举措。

此外，2021 年 10 月蓝迪在杭州主办中国数字建筑峰会，会上笔者就"十四五"强国建设目标任务与举措、新版职教专业如何服务数字中国建设等议题与参会嘉宾展开了讨论。笔者在会上提到，中国职业技术教育学会始终瞄准科技进步和产业优化升级的方向，推动专业升级和数字化改造。从宏观层面来讲，新版职教专业会坚持服务数字中国建设、服务数字经济健康发展、服务数字经济人才培养、服务数字社会人才培训，坚持以科技创新和数字化变革催生新的发展动能，实现职业教育高质量发展。

放眼全球，无论是发达国家还是发展中国家，无一例外地把发展职业教育看成提振经济、增强国力的发展战略。国际经济角逐的中心是高素质劳动者和先进技能的竞争，我国要特别积极地加入国际协作和竞争，切实提升现代工业的竞争力，务必要把握机遇，努力促进职业教育的发展。

第三章　科技创新企业发展

在第四次科技革命浪潮的推动下，科技创新成为社会发展主线。企业作为重要参与群体为科技创新提供了强劲动力。本章将重点剖析科创板相关企业，并以具体企业、不同区域等不同维度进行分析。具体内容包括科技创新企业发展评价体系、部分区域及企业创新概括、部分行业内企业创新能力排名以及新时代各创新参与者应如何顺应时代潮流进行创新。分析部分企业数据与实际案例可以给企业提供创新思路和建议，让企业根据实际情况找到适合自身发展的创新方式，让企业发展真正与科技创新相互依存，相互促进。

一 科技创新企业发展评价体系

面对成千上万家企业，人们如何甄别出真正具有科技创新能力的企业或如何挖掘企业的科技创新能力？下面将以科创板上市企业为主要分析对象，建立多维度、宽领域的评价体系，为读者提供参考。

本评价体系构建样本为 391 家科创板上市企业（截至 2022 年 2 月 10 日，包含 2 家待上市企业中触媒、坤恒顺维），鉴于数据的一致性与公开性，中国（包括港澳台地区）其他非上市企业未能被一并纳入。

（一）指标选取依据

在指标选取方面，参考了创新企业生态系统模型、科创型企业价值评估模型应用、上交所科创板股票上市规则指引、Schumpeter 经济发展论、Porter 竞争优势及竞争战略理论、《中共中央关于制定国民经济和社会发展第十四个五年规划和二〇三五年远景目标的建议》等。

（二）指标选取原则

指标选取原则包括全面性原则、客观原则、数据可得性原则。

（三）指标构成

采用 3 个一级指标评价企业的综合科创能力——创新能力、市场化能力、区域创新能力。

创新能力指标能够反映企业的科研实力、成果以及创新潜力。市场化能力指标能够反映企业经营成果，能否形成业绩与科技创新的良性循环。区域创新能力指标能够反映区域对企业科技创新的赋能支持力度。

创新能力一级指标包含 3 个二级指标，即人均 R&D 经费、R&D 经费占收入比重、人均发明专利数量。人均 R&D 经费以及 R&D 经费占收入比重体现企业对研发的重视程度，在一定程度上体现企业的创新能力。人均发明专利数量反映企业现阶段研究成果与创新能力。

市场化能力一级指标包含 4 个二级指标，即净利润、总市值、净资产收益率、现金运营指数。该指标反映企业的综合实力水平，通过赢利判断企业是否有研发投入基础，总市值可表示该企业在行业内的影响力，资产与运营相关指标可通过企业成长性与稳定性判断其是否为科技创新提供稳定环境。

区域创新能力一级指标包括 2 个二级指标，即区域创新综合值和行业科技创新力。区域创新综合值体现区域为企业进行创新赋能的效应，行业科技创新力则体现科技生产要素在一个行业的影响力及创造潜力。

（四）确定指标权重

在比较国内外赋权方法优劣的基础上，本评价方法采用"逐级等权法"进行权数分配，各领域权数为 1/3；某一领域内，指标所属领域的权重为 1/N（N 为该领域下指标的个数），因此指标最终权数为 1/3N。

（五）计算指标增速

本评价方法不包含增速指标，无须考虑失真调整。

（六）正逆指标

本评价体系 8 个指标均为正指标，无须逆指标调整。具有较高科技属性且经营况良好、赢利水平优秀的企业是各级政府争取、培养的目标，也是市场指向所在，被冠以中国资本市场核心资产的称谓。本评价体系以关注企业创新力为核心，并将企业创新的转化能力列入其中，试图寻找发掘出在市场环境竞争下，能够依靠自身的科技属性、创新能力增强行业竞争力、提升企业经营能力、增加企业利润的核心优质资产。企业自身创新意愿及潜在创新能力以人均 R&D 经费和 R&D 经费占收入比重进行量化。现阶段创新能力以人均发明专利数量进行评价。因部分区域具有协同创新能力优势，区域内各生产要素的便捷流通为创新提供更强动力，故选取区域创新能力作为评价指标。区域内由产业聚集带来的行业创新能力的升级同样入选本体系。除企业创新能力外，也应将企业经营赢利能力作为重要依据，选取净利润、总市值、净资产收益率、现金运营指数 4 项指标对应企业经营能力、综合行业地位、投资者回报、经营管理效率进行评估，最终得出结果。

表 3-1　科技创新企业发展评价体系

一级指标	二级指标	计量单位	权数
创新能力 （1/3）	人均 R&D 经费	万元/人	1/9
	R&D 经费占收入比重	%	1/9
	人均发明专利数量	件/人	1/9
市场化能力 （1/3）	净利润	亿元	1/12
	总市值	亿元	1/12
	净资产收益率	%	1/12
	现金运营指数	—	1/12
区域创新能力 （1/3）	区域创新综合值	—	1/6
	行业科技创新力	—	1/6

二　部分区域及企业创新概括

本部分将以长三角区域、京津冀地区、粤港澳大湾区三大核心区域为重点进行研究分析。三大区域作为我国核心经济区域，拥有众多高质量的企业，代表了我国一段时间内经济高质量发展的成果。该区域还可横向对比同时期内世界其他区域。本节讨论内容中，长三角区域涵盖上海市、浙江省、江苏省、安徽省；京津冀地区涵盖北京市、天津市、河北省；粤港澳大湾区涵盖广州市、深圳市、珠海市、佛山市、中山市、东莞市、肇庆市、江门市、惠州市（香港特别行政区、澳门特别行政区企业样本问题不列入本节讨论）。

（一）长三角区域

长三角区域的创新发展相关分析参考由上海市科学学研究所、江苏省科技情报研究所、浙江省科技信息研究院和安徽省科技情报研究所共同发布的《长三角区域协同创新指数 2021》（以下简称《报告》）。①

图 3-1　长三角区域协同创新指数统计

资料来源：《长三角区域协同创新指数 2021》。

从图 3-1 可以得出，长三角区域协同创新指数从 2011 年的 100 分（基期）增长至 2020 年的 227.05 分。协同创新能力持续稳定上升，年均增速达到 9.54%，总体保持较高增长态势且 2019 年及 2020 年增长率处于较高历史分位。

《报告》指出，长三角区域已在全国范围内率先形成三大高地——创新资源聚集和流动高地、创新成果开发和共享高地、产业发展联动和投资高地。

在创新资源聚集方面，长三角区域每万人中有研发人员 67.97 人。2020 年长三角区域研发投入高达 2.84%，且财政科技拨款占

① 《过去 9 年间长三角区域协同创新有何进步？这份报告打分翻倍》，澎湃新闻，https://baijiahao.baidu.com/s？id=1668754549071580604&wfr=spider&for=pc。

政府支出比重为 4.84%，该类指标横向对比其他区域均存在优势。在创新成果开发和共享方面，长三角科技资源共享服务平台截至 2018 年末已经聚集大型科学仪器 31169 套，共享率超过 90%。专利数量从 2010 年的 694 件激增到 2018 年的 11278 件。在产业发展联动和投资高地方面，杭州聚焦以云计算、大数据为主的数字经济产业；苏州依托医药资源建设生物医药产业；上海依靠产业基础，引进特斯拉形成新能源产业链布局。

长三角近年来在创新能力建设与协同创新发展方面取得较大成就。《报告》指出，区域创新发展呈现资源要素加速聚集、协同创新基础不断夯实，科研合作更加紧密、学术成果不断涌现，技术转移蓬勃发展、创新走廊成为重要承载，制造业错位竞争格局初现、高新技术产业稳步增长，协同创新环境日趋完善、一体化创新格局端倪初露五大亮点。

（二）京津冀地区

京津冀地区是我国创新资源最密集、产业基础最完善的区域之一。近年来，该区域的创新能力迅速提高，在北京市、天津市、河北省三地创新能力分别增强的同时，区域层面的协同创新指数同样保持较高增长态势。

近年来，京津冀地区的科技创新建设成果主要体现在协同创新体制不断建设完善，创新成果不断涌现，科研经费投入持续增加，区域人员素质不断提升、结构优化，企业创新能力不断提高几个方面。京津冀地区城市间协同创新态势强劲，区域内更重视城市间协同合作，发挥各自不同的资源禀赋，进行资源最大化配置。《经济日报》报道，2018 年京津合作专利数为 3056 件，京冀合作专利数为 4277 件（北京与石家庄 1729 件）。R&D 经费方面，2019 年京津冀地区的内部支出为 3263.29 亿元，自 2011 年起保持年均 10.81% 的增长。区域内 R&D 人员数量不断增长，2019 年达到 791217 人，8 年间增长 1.52 倍，且拥有博士、硕士学历的人员年增长率分别为 10.09%、5.41%。企业层面，京津冀规模以上工业企业 R&D 经费 2011~2019 年从 53.43 亿元增长至 93.72 亿元。①

（三）粤港澳大湾区

2020 年，粤港澳大湾区（含港澳地区）GDP 约为 1.64 万亿美元，创造了全国 1/9 的经济总量。② 科技创新同样是粤港澳大湾区的重点发展目标，依托天然的地理优势，粤港澳大湾区在科技创新协同方面有其自身特点。近些年在国家战略以及粤港澳大湾区各级政府的不断引导下，其逐渐形成以广深为核心、各地要素资源流通的创新协同布局，为我国探索创新协同提供经验。2015~2019 年，粤港澳大湾区发明专利数量约为 128.76 万件，遥遥领先于世界其他三大湾区。粤港澳大湾区的协同创新建设体现在三个方面：一是产业协同创新，"一国两制三关"，借助港澳的金融业放大广东九市制造业创新优势；二是要素协同配置，弱化同质化竞争，强化不同城市间要素优势，做到人员、资金、资源间的优化配置；三是制度创新，随着中央政府顶层制度设计的不断完善，粤港澳大湾区各级政府在制度层面进行突破创新，如会议制度、经贸协定、联合规划等。

截至 2022 年 2 月 10 日，科创板上市企业股票总计 391 只。其

① 叶堂林、王雪莹：《京津冀协同创新如何"落地生根"》，《经济日报》2021 年 8 月 17 日。
② 《〈湾区城市发展指数〉发布，用数据解读湾区发展活力》，南方网，https://finance.southcn.com/node_ 20343d0eff/fc51d5f9e6. shtml。

中，科创板上市企业分布在三大区域部分省份（城市）情况见图
3-2、图 3-3、图 3-4。

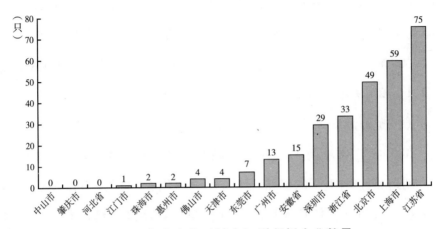

图 3-2　部分省份（城市）科创板企业数量

资料来源：上海证券交易所。

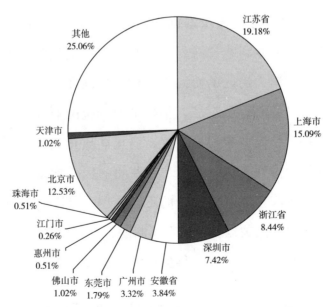

图 3-3　部分省份（城市）科创板企业分布

资料来源：上海证券交易所。

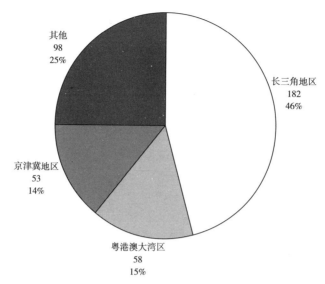

图 3-4　部分区域科创板企业分布

资料来源：上海证券交易所。

从以上可以看出，长三角地区以 182 家科创板企业领先于大湾区的 58 家和京津冀地区的 53 家。三大科技创新核心区域科创板登录企业占全国比重的 75%。

从表 3-2、图 3-5 可以看出，从市值角度看，长三角地区科创板上市公司市值总量为 22447.43 亿元，占科创板总市值的 43.94%，且从科创板企业数量来看，长三角区域的 175 家（截至 2021 年 12 月 31 日，下同）占科创板上市公司总数的 46.68%。由此可以发现，长三角地区经济基础较好，企业科技创新属性整体偏高。从研发投入及占比和企业平均发明授权数量来看，京津冀地区科创企业科研投入整体较高，且占总营收比例较高，平均发明授权数量水平同样处于较高分位。京津冀地区科创板企业在科研方面投入较大，且产出比保持较高水准。大湾区科创板企业

的平均发明授权数量为三大区域之首。深圳汇聚了中国内地 29%
的专利，其通过合作研发、并购、购买等方式获得专利使用权和
收益权，有效激发了创新的活力。

表 3-2　三大区域部分数据对比

区域	科创板企业（家）	总市值（亿元）	企业平均研发投入（亿元）	研发占总营收比例（%）	企业平均发明授权量（件）
京津冀地区	53	6315.61	1	8.18	21.87
长三角地区	182	22447.43	0.75	5.90	15.79
粤港澳大湾区	58	5553.55	0.61	4.36	22.47

资料来源：上海证券交易所。

注：（1）科创板企业数量统计日期截至 2022 年 2 月 11 日；

　　（2）总市值统计日期截至 2022 年 2 月 11 日；

　　（3）研发投入统计日期截至 2021 年 6 月 30 日（半年度报告）；

　　（4）营业总收入统计日期截至 2021 年 9 月 30 日（三季度报告）；

　　（5）发明授权数量统计日期截至 2022 年 2 月 11 日。

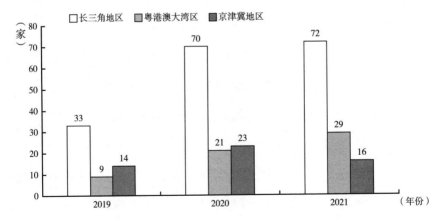

图 3-5　各区域近年科创板企业登录情况

资料来源：上海证券交易所。

从图 3-6、图 3-7、图 3-8 来看，长三角地区因科创板企业较多的优势，182 家企业分别分布于 27 个二级分类行业①中，其中产业聚集的前三名分别为半导体及元件（占比 16%，29 家）、电力设备（10%，19 家）以及医疗器械（10%，19 家）。长三角地区形成了不同城市错位发展、重点布局不同产业、要素资源错位分配的局面。京津冀地区的科创板登陆企业中，计算机应用行业占比最高（32%，17 家）。京津冀地区依靠自身区域内优势，利用高校资源，大力发展信息技术行业，形成产业优势与聚集。大湾区内城市数量较少，平均每个城市拥有的科创板企业数量为三大区域内最多；三大区域内部分具代表性企业科技创新的路线与经验值得思考借鉴。

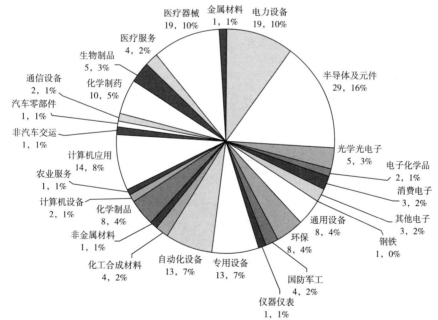

图 3-6　长三角地区科创板企业行业分布

资料来源：上海证券交易所。

---

① 行业分布所用分类标准为同花顺二级分类指标。

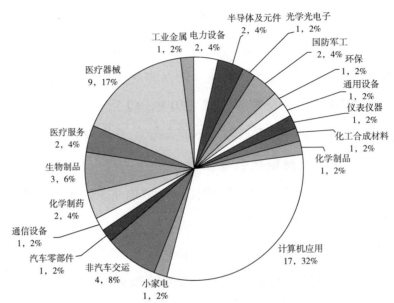

图 3-7　京津冀地区科创板企业行业分布

资料来源：上海证券交易所。

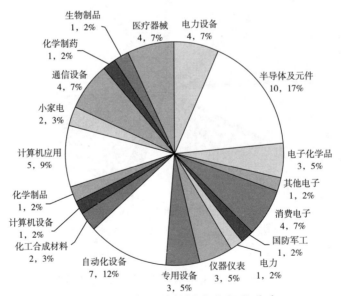

图 3-8　大湾区科创板企业行业分布

资料来源：上海证券交易所。

上面概括了三大核心区域内的科创企业情况，以下将阐述在面对激烈竞争的情况下，部分企业如何选择和定位自身的创新路线。我们选择了澜起科技、金山办公、传音控股这三家企业，它们的创新经验或许能给其他企业提供一些参考。这三家企业都积极创新，选择了不同的创新路径。创新不仅仅是研发经费的投入、研究人员的培养，更需要思路，需要选择企业最适合的创新路径并最终通过创新在自身领域取得一定的成就。这三家企业选择了不同的创新模式并完成了市场成长。

1. 澜起科技：主导国际标准制定，终成行业领军企业

在企业的创新途中，能否积极参与行业相关标准的制定成为企业能否拥有话语主导权的关键。在科技创新能力不断提升的情况下，中国企业更应该"走出去""发出声"，展示中国科技硬实力从而壮大自身。以澜起科技为例，作为全球内存接口芯片龙头厂商，其已经成为全球 DDR2 到 DDR5 内存全缓冲/半缓冲芯片的主要供应商之一。澜起科技 2004 年成立，以 IC 设计为经营模式，致力于云计算和人工智能的芯片解决方案。在科技创新途中，澜起科技以自身科技实力为依托，积极参与国际 DDR 标准制定，将自身优势技术写入标准，从而改变了市场新一代 DDR4 技术的格局，也为自身赢得了发展的空间，形成企业科研能力与经营能力的良性循环。[1]

2. 金山办公：研发费用高投入，发展符合国家战略需求

金山办公作为我国办公软件开发行业的龙头企业，2018 年、

---

[1] 《澜起科技 2020 年年度报告》，上海证券交易所网，http://www.sse.com.cn/disclosure/listedinfo/announcement/c/new/2021-04-30/688008_20210430_5.pdf。

2019 年、2020 年的研发投入分别为 4.28 亿元、5.99 亿元、7.11 亿元；这三年的研发投入占营业总收入比例分别为 37.85%、37.91%、31.44%。①

金山办公的科研投入各项指标较高。金山办公积极参与承担多个国家级重大科研项目研发任务，如工信部的网络化中文办公服务平台的研发及产业化，科技部的智能云服务与管理平台核心软件及系统等。除了积极参与各类国家级科研项目外，金山办公旗下产品 WPS 充分发挥本土优势，保障国家数据安全。国内云储存公司为我国办公数据安全提供了有力的数据安全保障，符合我国数据安全战略的发展方向。金山办公在科技创新层面进行大量研发投入，在符合国家重大利益的前提下参与各个信息技术科研项目，同时兼顾市场开发，提高自身赢利水平。

3. 传音控股：清晰战略定位，本地化创新

本地化创新，即根据业务定位、区域市场因素进行创新。传音控股以手机及各类数码产品业务为主，其中手机产品在非洲市场占有率排第一。传音控股并不是第一家进入非洲大陆的手机厂家，然而在进入非洲大陆后，它能够针对非洲市场特有的情况进行创新。针对非洲客户的具体情况，开发"美黑"算法；针对非洲长期资源匮乏、电力短缺、早晚温差大、天气炎热等问题，专注超长时间待机技术开发，研制耐磨耐汗陶瓷新材料和防汗液 USB 端口等；非洲用户热爱音乐，传音控股即设计采用 8 个扬声器配合音乐播放；2021 年上半年，传音控股研发投入 6.4 亿元，同比增长

① 《金山办公 2020 年年度报告》，上海证券交易所网，http://static.sse.com.cn/disclosure/listedinfo/announcement/c/new/2021-03-24/688111_20210324_10.pdf。

50.72%。传音控股在经历多年的沉淀与市场铺垫后，在非洲市场4年销量第一，2021年上半年以9600万部手机出货量位居第一。[①]

三　创新企业排名

本部分选出了医药行业和半导体及电子元器件这两个重点行业的创新企业进行排名。这两个行业具有天然的创新属性，行业内科创要求较高，行业内企业通过不断的科研投入保持创新，与企业发展形成良性循环。

（一）　医药行业

医药行业作为创新程度较高的行业，近年来颇受社会关注，尤以创新药、医疗器械、疫苗等子赛道为热门赛道。"2021中国医药创新企业100强"名单以授权专利数量、专利施引总量、临床实验数量和创新药获批上市的数量（创新药获批上市数量一定程度反映市场规模）4个指标为评价依据进行综合排名（第一梯级榜单见表3-3）。

表3-3　"2021中国医药创新企业100强"第一梯级榜单

序号	企业名称	企业简介
1	恒瑞医药	国内化学制药实力第一，有机会挑战国际医药巨头的中国公司
2	中国生物制药	中国生物制药有限公司及其附属公司是中国领先的创新研究和开发（研发）驱动型医药集团，业务覆盖医药各种研发平台、智能化生产和强大销售体系全产业链

---

① 《传音控股2020年年度报告》；网易财经，http://quotes.money.163.com/f10/ggmx_688036_7138310.html。

续表

序号	企业名称	企业简介
3	百济神州	全球性、商业阶段的生物科技公司,研究、开发、生产创新型药物
4	石药集团	拥有四个业务部门:成药部门、抗生素(中间体及原料药)部门、维生素C(原料药)部门、咖啡因及其他(原料药)部门,分别从事生产及销售相关药品业务。公司的成药包括抗生素、心脑血管用药、糖尿病用药、精神神经用药、抗肿瘤用药及中医药产品
5	信达生物	成立于2011年,致力于开发、生产和销售用于治疗肿瘤等重大疾病的创新药物
6	君实生物	自主研发的抗PD-1单抗是中国首个获批上市的国产单抗药物
7	豪森药业	国内抗肿瘤和精神类药物研发生产领军企业,国内最具创新力医药企业之一,国家高新技术企业、国家技术创新示范企业
8	和黄医药	一家处于商业化阶段的全球生物医药公司,专注于发现、开发及商业化治疗癌症及免疫性疾病的靶向疗法及免疫疗法
9	齐鲁制药	主要研发、销售治疗肿瘤、心脑血管、精神系统、神经系统疾病的制剂及其原料药
10	上海医药	主营业务为医药研发与制造、分销与零售。主要产品为丹参酮ⅡA磺酸钠注射液、注射用乌司他丁、硫酸羟氯喹片、注射用二丁酰环磷腺苷钙、注射用盐酸头孢替安、丹参片、参麦注射液、瓜蒌皮注射液、尪痹片、银杏酮酯等
11	复宏汉霖	一家国际化的创新生物制药公司,致力于为全球患者提供可负担的高品质生物药,产品覆盖肿瘤、自身免疫疾病、眼科疾病等领域
12	康方生物	一家致力于研究、开发、生产及商业化全球病人可负担的创新抗体新药的生物制药公司
13	贝达药业	主要产品有埃克替尼、烧伤止痛膏、谷维素片、谷维素双维B片、糠甾醇片
14	荣昌生物	专注于抗体药物偶联物(ADC)、抗体融合蛋白、单克隆抗体及双特异性抗体等治疗性抗体药物的发现、开发与商业化

续表

序号	企业名称	企业简介
15	科兴生物	致力于人用疫苗及其相关产品的研究、开发、生产和销售,为疾病防控提供服务。研制出全球第一支 SARS 冠状病毒灭活疫苗(完成 I 期临床研究)、中国第一支大流行流感(H5N1)疫苗以及全球第一支甲型 H1N1 流感疫苗
16	泽璟制药	专注于肿瘤、出血及血液疾病、肝胆疾病和免疫炎症性疾病等多个治疗领域的创新驱动型化学及生物新药研发和生产。主要产品有多纳非尼、外用重组人凝血酶、盐酸杰克替尼片、盐酸杰克替尼乳膏、注射用重组人促甲状腺激素、奥卡替尼
17	复星医药	拥有心血管系统疾病治疗、中枢神经系统疾病治疗、血液系统疾病治疗、代谢及消化系统疾病治疗、抗感染疾病治疗、抗肿瘤治疗等领域核心产品、原料药和中间体核心产品
18	海思科	主要产品为环泊酚注射液、甲磺酸多拉司琼注射液、复方氨基酸注射液(18AA-VII)、脂肪乳氨基酸(17)葡萄糖(11%)注射液、注射用甲泼尼龙琥珀酸钠、氟哌噻吨美利曲辛片、多烯磷脂酰胆碱注射液
19	再鼎医药	主攻肿瘤、抗感染及自体免疫性疾病领域
20	基石药业	专注于开发及商业化创新肿瘤免疫治疗及分子靶向药物
21	天士力	主要产品有复方丹参滴丸、养血清脑颗粒、注射用益气复脉(冻干)、蒂清、水林佳等药品
22	东阳光药业	产品包括仿制药、首仿药、部分专利药,覆盖六大适应症领域
23	科伦药业	主要对大容量注射剂(输液)、小容量注射剂(水针)、注射用无菌粉针(含分装粉针及冻干粉针)、片剂、胶囊剂、颗粒剂、口服液、腹膜透析液等 25 种剂型药品及抗生素中间体、原料药、医药包材等产品进行研发、生产和销售
24	海正药业	致力于化学原料药和制剂的研发、生产和销售
25	浙江医药	拥有维生素、抗耐药菌抗生素、喹诺酮产品等重要生产基地

资料来源:《2021 年中国医药创新企业 100 强榜单》,南方财富网,http://m.southmoney.com/paihangbang/202112/20518870.html。

（二）半导体及电子元器件行业

通过对企业研发投入、核心自主知识产权、科技成果转化、企业收入与研发投入比值、企业成长性以及 3 年的核心财务指标等数据进行综合评判，福布斯中国于 2021 年 6 月发布了"中国最具创新力企业榜"，共有 10 大赛道 50 家企业上榜。其中，半导体及电子元器件赛道排名前 10 企业见表 3-4。

表 3-4 "中国最具创新力企业榜"——半导体及电子元器件赛道
排名前 10 企业名单

序号	企业名称	企业简介
1	北方华创	国内主流高端电子工艺装备供应商
2	法拉电子	全国最大的薄膜电容器制造厂商
3	全志科技	国内音视频 SoC 主控芯片领域的领导者
4	三安光电	国内最大全色系超高亮度 LED 芯片生产企业,国内光电领域龙头企业
5	斯达半导	国内 IGBT 领域领军企业,国内唯一进入全球前十的 IGBT 模块供应商
6	韦尔股份	主营业务为半导体分立器件和电源管理 IC 等产品的研发设计
7	闻泰科技	在全球手机 ODM(原始设计制造)行业中处于龙头地位
8	新洁能	曾为中国半导体功率器件十强企业
9	雅克科技	全球著名的磷酸酯阻燃剂生产企业
10	兆易创新	主要产品为闪存芯片,半导体存储器领域领导企业

资料来源：《2021 年中国最具创新力企业榜》，福布斯中国，https：//www.forbeschina.com/business/55859。

四 如何顺应创新潮流

在第四次工业革命的潮流下，各创新主体均应主动适应潮流，在不同维度为创新提供有利条件。国家、地方、企业三维创新机制才能使创新立体化，让创新真正与社会发展相融合。

（一）国家层面

进行创新的顶层设计，持续增加对中小企业的创新支持。同时科学布局，形成底层中小企业、中层科创性企业、顶层国际企业间多层次、宽领域的立体创新格局。加大财政对中小企业的创新补贴，从税制体系方面进一步减少创新企业的税务负担。加强引导企业创新，从实操层面引领企业与科研机构的进一步合作。

将人才教育作为发展重点。人才是科技创新的关键要素，需要依靠人才形成核心竞争力。创新先行需完善我国基层教育建设，使高等教育创新引导机制更加清晰，打破人才创新的体制束缚。在国内进行人才储备的同时，促进国际人才向我国流通聚集，形成国内国际双循环沉淀，将我国的人口红利中劳动力要素转化成人才要素，支持经济持续高质量发展。

加强创新的基础设施建设。第四次工业革命中数字经济的发展依靠大数据、云计算等基础平台的支持，该类平台及实验室的建设需要国家层面的战略投入，为社会创新提供创新基础。

加强区域内国家协同，进一步参与国际合作。充分利用区域内不同国家生产要素的差异化优势，在国际上建立具有区域优势的产业创新集群。双向开放，"走出去"与"引进来"双向互动，减少区域间各要素流通的限制。

（二）地方政府

明确区域内产业定位与优势资源，充分了解地区差异化竞争优势，攥紧拳头加强重点产业建设，形成重点产业聚集发展。

完善地方性政策，以激活市场活力为重点。地方政府应统筹各职能部门间的分工，保证政策的完整性、完善性，完成其在创新领域从监管者向引导者的转变。

加强人才储备。除国家层面外，地方政府、企业层面同样需要人才储备。

优化环境，做好服务。地方政府要提升自身服务水平，增强对企业的吸引力。

（三）企业

战略创新。管理层要制定以创新为发展重点的战略，在企业内部从制度上形成创新的土壤，为创新提供战略支撑。

组织创新。优化组织结构，协同企业内各部门配合，为创新形成通路，各部门明确各自职能，为创新形成完整链条。

能力创新。组织员工进行专业能力培训，提升员工自身能力，进行人才培养。

文化创新。企业文化对创新具有引导效应，企业拥有创新文化将对创新产生事半功倍的引导效果。

第二部分

大潮磅礴勇争先

——蓝迪平台整合优势资源　赋能政企发展

专业从事政策研究的智库，是思想观点和价值目标的创造者，是重点领域决策咨询的提供者，是社会公共利益的代言者，是政策研究人才的培养者，是政府与公众的沟通桥梁，是独立知识精英学术和政策建议的港湾，更是全球合作交流的国际平台。近年来，国家高度重视中国特色新型智库建设。目前，我国智库建设进入高质量大规模发展阶段。

在世界变革调整的大变局中，在新冠疫情持续反复和全球经济政治危机冲突叠加之际，智库作用和价值日益凸显。一方面，面对纷繁复杂的世界新格局，国家之间的合作与竞争越来越需要思想创新、理论创新和实践创新，这就需要智库善于拨云见日，在繁复中理出思绪，在交织中提供方案。另一方面，面对第二个百年奋斗目标新征程，面对"十四五"发展规划和2035年远景目标，我国提出了整套高质量发展的新战略、新布局和新举措，这需要包括智库在内的研究机构和机关部门认真解读、科学谋划，拿出具体方案。各级地方政府如何充分挖掘自身优势，把握战略发展大局和发展机遇，仍需智库的良方妙策。各类各级企业如何破解发展难题，如何立足潮头，在新一轮国家产业布局和产业大调整中立于不败之地，获取持续发展动力，同样离不开智库的建言献策。

随着越来越多社会问题、经济持续发展问题的出现，我国智库对外提供服务的总量逐渐增加。相比于美国顶尖智库兰德公司，我国智库对外提供服务的模式主要以智库数据信息资源为导向、以客户需求为导向。但总体来看，我国智库对外提供服务的模式较为单一，未形成服务体系闭环；在服务过程中，缺乏多元主体与智库间的交流、互动，与国际顶尖智库服务相比存在较大差距。因此，主动关注学习强国一流智库的发展路径，积极探索具有中国特色的创新型服务模式亦是必然之路。

蓝迪国际智库自 2015 年成立以来，精准定位，努力将自身打造成创新型、实用型高端智库；在完善自身发展的过程中，探索出了一套成熟的创新型、应用型智库服务范式，注重平台思维和资源整合，形成了具有跨部门、跨领域、跨学科特点，并得到各方积极支持的综合性研究平台；特别是打破了行业边界，将政产学研媒各领域相关学科进行有机整合，畅通人才流通渠道，根据研究目标汇集各方智慧，搭建智库研究生态系统，建立跨学科、跨领域、跨组织边界的专家库。同时，蓝迪国际智库注重战略导向、实践导向和结果导向，注重高质量研究成果的转化，在政策、机制、项目的落地性上下功夫，取得了实效，赢得了广泛赞誉。蓝迪国际智库也注重人才导向和人才可持续发展，挖掘、培育、储备了一批创新型专业人才，为智库建设注入了生机与活力。

第四章　创新型智库服务范式

在中国特色新型智库蓬勃发展的当下，智库在服务党和国家重大战略中的作用越来越大，智库在提供智力支撑的同时，积极探索创新发展之道，通过高水平决策研究成果转化、搭建平台、整合资源、提升服务水平等举措，探索创新型服务内涵，施展新作为，展现新气象。蓝迪国际智库一直以"创新服务"为智库可持续发展的核心要素，以提升决策影响力、学术影响力、社会影响力以及实践应用价值为目标，统筹规划、突出优势、凝练方向、重点培育，形成了一套"创新型"智库服务范式，精准对标服务需求，以"智库+""平台化"思维，形成"挖掘—培育—推介"蓝迪企业服务三步法以及七大服务体系（蓝迪服务七星图），推动需求方以及合作方之间的融合发展，以国际视野和前瞻性思维为政企高质量转型发展提质增效。

一 政企两手抓两促进，注重科学化、精准化、高效化智库成果

作为经济发展的两大关键因素，"政府之手"与"市场之手"实现互相融合与平衡，才是经济健康发展的源泉。要通过发挥政府宏观调控的优势管公平，管环境；要发挥市场的竞争优势实现要素资源的市场化配置；充分发挥"市场之手"和"政府之手"的叠加效应以及互补优势，共同实现资源的有效配置。在遵循经济发展规律的情况下，蓝迪国际智库服务国家经济发展，政企两手抓两促进，通过产出科学化、精准化、高效化的智库成果，助力政企加快转型升级，创抓新一轮发展机遇。

"十四五"时期，各级政府除了要实现经济高质量发展、优化经济结构、提升创新能力等传统目标外，还要加快构建"双循环"新发展格局。与此同时，地方政府还面临着推进"双碳"目标、加快实现绿色环保发展的问题。面对当前的发展压力以及瓶颈，各级政府必须借助智库"外脑"力量，聚集高端资源，巧解发展难题。蓝迪国际智库自成立以来，一直把各级政府作为重要的合作对

象，积极布局国内具有重大经济发展战略加持的关键节点区域及城市，如粤港澳大湾区、粤澳深度合作区、RCEP 创新试验基地、长三角城市群、京津冀地区、珠海、青岛、苏州、宁波、保定、涿州等，与相关地方政府建立了坚实的信任基础与紧密的交流合作。蓝迪国际智库主动作为，以智库前瞻性眼光深入研究这些重点区域与地方政府的发展难题；通过深度调研需求，集合智库专家资源，为政府提供顶层设计、战略研究、决策咨询、产业规划、传播话语体系设计、城市品牌打造、招商引资、项目资源导入等服务，取得了一系列重要的工作成果。

当前，世界风云变幻，国际格局发生重大变化。新冠疫情给世界经济贸易发展带来了巨大的冲击，给国际产业链供应链带来了重要影响，给企业经营发展带来了诸多难题和挑战。与此同时，国家新政频繁出台，在新的国家战略引导下，经济转轨，产业结构转型升级。企业在当前的大变局中，要想保持可持续发展，就必须读懂国际国内大势，读懂国家及地方政府的政策手段，了解国家的发展倾向与战略转向，才能搭上国家这趟经济发展的"高铁"。因此，企业要充分与智库展开合作，把准发展方向，发力提质增效。蓝迪国际智库一直以来高度重视企业在保持我国经济行稳致远过程中所发挥的"压舱石"作用。针对企业所面临的"无法高站位地把握时代发展脉搏""缺乏精准解读国家发展战略以及重大政策的能力""无法深刻认识产业变革核心"等问题，蓝迪国际智库充分发挥智库"前瞻性、科学性、高水平"的研究能力，为企业提供全方位的决策解读、精准的战略定位、深度的市场分析、优质的合作资源、高端化的品牌建设及营销推广等多样化服务，帮助企业把握宏观经济规律，了解国家经济政策方向，及时调整企业发展战略，突破经营决策盲区，转变发展方式，抢抓市场成长机遇，从而为企业寻求更好的发展之道。

同时，蓝迪国际智库还精准抓住政企良性互动机制不健全这一限制地方经济发展的重要问题，积极成为政企交流合作的沟通桥梁。在为政府决策提供智力支持的过程中，因地制宜，对于事关民营企业和民营企业家的重大经济决策和重要产业政策，在制定、落实、评估过程中广泛、充分吸收民营企业家意见，向上传达行业、企业发展过程中所面临的诸多痛点难点，促进"政府之手"与"市场之手"的融合发展，推动政企合力共克时艰。目前，通过一系列的工作与努力，蓝迪平台政企深入互动的有效载体正在形成。

二 打通"双循环"关键堵点，实现国内、国际资源与合作网络的精准对接

构建以国内大循环为主体、国内国际双循环相互促进的新发展格局的痛点、堵点、难点在于产业的关键核心技术不足。对于科技产业来说，从各国的历史实践看，政府的支持是必要的，甚至会超过产业政策的范畴。就目前我国科技产业发展的情况来说，我国各级政府在产业的布局和推动上均占据主导地位，企业跟随政府步伐，动态优化战略执行与调控，从而确保战略决策得到实施，动态核心竞争力得到保证。为进一步优化我国科技产业生态，各级政府需要在实战的基础上加强对产业方向的研究和论证，慢慢把企业意见吸收到产业方向制定上来，加强对科技产业前沿的跟踪研究和项

目直接支持，推动和鼓励企业间的相互协作。与此同时，企业也要主动作为，进一步培养提升前瞻性研究和布局的能力。在"双循环"大背景下，政企间互动合作的重要性将进一步凸显，这将更加有利于我国政企共同促进产业生态良性发展。蓝迪国际智库于2015年在新型全球化及第四次工业革命中应运而生，致力于推动产业创新与结构升级。近年来，蓝迪国际智库不忘初心，始终坚持开展有利于推动政企联动发展的重大工作；"双循环"战略的提出，更加坚定了其发展道路。我们在过去6年的工作中，始终坚持"问题导向、需求导向、项目导向、结果导向"的原则，精准把脉政企的发展问题，通过聚集对接政商学跨界高端资源，有针对性地解决各级地方政府所面临的产业调整升级的难题，帮助企业寻找新的战略定位、重新再出发。在智库建设的过程中，我们探索形成了一条国内国外联通资源整合、互促合作的服务模式。

　　我们确定了以"区域+节点城市"对接相关"国别"的合作机制，例如"横琴粤澳深度合作区+澳门"对准"葡语系国家"，"RCEP创新试验基地+青岛"对应"东盟国家、德国、日本、韩国"，"上合示范区+胶州"链接"上合组织成员国"，"中东欧国家经贸合作示范区+宁波"瞄准"16+1合作机制国家"等，建立起了完善的国际网络和国内城市网络。我们通过确定国内重点区域和重点城市的发展和资源需求，高效整合对接国内外政党、政府、议会、智库、企业、金融机构、社会组织、媒体和国际多双边组织等优质合作伙伴以及多元化的产业资源，以国际化战略眼光助力政企开发新的发展高地，为政企搭建国际化的互动合作平台以及配置核心的发展资源要素，从而推动"双循环"大背景下地方新一轮的经济转型、产业调整、对外开放、对标国际、企业战略调整以及"抱团出海"，参与国际竞争，从而实现互利共赢。

三　搭建互动式资源平台，促进企业间联动发展

新时代也对新型智库提出了许多新要求。一方面，智库研究更注重现实性和实用性，解决实践中的具体问题；另一方面，面向我国社会主义现代化建设的"两个一百年"奋斗目标，智库作为政企的"外脑""智囊"，应当提供具有前瞻性和预测性的研究服务。因此，智库的服务模式不能局限于单一界别、单一领域、单一团队。智库需要进行整合研究，将政产学研媒各个界别和相关学科进行有机整合，根据研究及项目目标形成汇集各方知识和智力的研究成果，建立智库生态系统。蓝迪国际智库一直以来致力于将自身打造成一个高端的资源平台，将散布在各个地域、各个界别、各个行业的合作伙伴以及企业资源汇聚成一个"信息互通、资源共享"的有机整体，与合作伙伴实现需求与资源的精准对接，以企业为主体提供智力支撑，以平台化思维促进政企间、企业间的高效联动以及双向合作。

处在互联网大潮中，蓝迪国际智库以平台化的思维开展研究产出、产业优化、金融链接、政企互动合作与企业间联动发展、科技成果创新与成果转化等一系列的重要工作。截至 2021 年 12 月 31 日，蓝迪平台上汇聚了 108 位国内外政府高层、知名专家学者，437 家平台企业及机构，包括能源与新能源、基建与新基建、农林牧渔矿、新兴制造业、绿色产业、现代金融、大健康、新材料、文旅、贸易、港口、园区、教育、商会协会等众多行业骨干企业或机

构团队；做到了国有企业与民营企业相结合、传统产业与现代产业相结合、头部企业与隐形冠军企业相结合，通过建立法律服务、政策研究、技术标准、信息服务、金融支持、文化与品牌、能力建设七大专业服务组，积极整合政府、企业和行业资源，带领企业"抱团出海"，为企业参与国际国内双循环、"一带一路"建设提供了大量系统性的服务和支持。

蓝迪将自身平台打造成"资源洼地"，通过资源共享释放创新与发展红利；通过建立"共享机制"，实现平台成员贡献互补；平台成员形成了对蓝迪使命、远景、价值观与文化的认同，为国家发展大局发力。持续的自我建设、更新迭代平台的战略内核以及优质资源，使智库与平台成员实现共同成长进步，共同打造相辅相成的平台生态圈。

当智库在国家经济社会发展中的作用愈发凸显时，其服务体系、服务能力以及服务质量也愈发重要。蓝迪国际智库在发展的过程中，除了致力于创新研究成果之外，还在与各个需求方合作的过程中探索出了一套"创新型智库服务范式"，独具特色，也具有重大的理论与实践意义。未来，我们将继续完善自身的服务范式，为国家经济发展创造更大的价值，为地方政府以及企业发展提供更精准的服务与支持。

第五章　应用型智库服务特色

当前，应用型智库不仅在国家政治经济生活中发挥着越来越重要的决策引导作用和综合影响力，也是在"双循环"战略以及共建"一带一路"框架下的产业转型升级以及国际合作的重要智力支撑。蓝迪国际智库自运行以来，坚持将问题和需求相结合，以项目为载体，以结果为导向，在智库研究、区域协同发展、国际合作以及促进"一带一路"建设等方面开展了大量工作。我们充分发挥自身应用型智库的平台优势和桥梁纽带作用，在以往研究成果的基础上，以全球价值链和产业链的重构和延伸、区域与城市合作等为工作重点，在国家"十四五"发展新阶段深耕细作，统筹优质资源要素，助力实现政府、市场、社会联动发展。蓝迪在发展建设过程中所形成的服务范式呈现其独有的"应用型"的重要特点。

一　以区域为抓手，打造服务样板

2012年以来，我国各地区经济增速虽然有所放缓，但随着结构调整的到位，各地区经济增长质量显著提高，逐步改变了依靠大量要素资源投入换取高增长的发展方式。新发展阶段，我国区域经济发展仍然面临区域城乡收入差距较大、地区发展不平衡不充分长期存在等问题。未来，我国区域经济高质量发展必须坚持新发展理念，通过构建新发展格局实现更大的突破。加快构建新发展格局是一项关系我国发展全局的重大战略任务，关键在于经济循环的畅通无阻。为此，各地区深入推进区域经济高质量发展就要充分体现新发展格局的内在要求，从国家战略全局中谋划新的历史方向。

蓝迪国际智库一直以来积极关注国际发展大势，重点研究国家经济、产业等方面的政策，同时注重融入区域经济社会发展，积极为区域及地方提供发展战略及区域经济政策研究资源的智力支持，大力推动应用导向和研究成果的转化应用以及与产业链、创新链的对接，服务区域及地方经济社会发展。

以粤澳深合区为例。蓝迪国际智库深耕粤港澳大湾区，深度参与琴澳合作，于 2019 年与横琴金融部门成立了蓝迪（珠海）国际投资管理有限公司，以进一步服务粤澳融合发展，推动优质企业与项目落地粤澳两地，积极促进澳门实现产业多元化发展。我们充分发挥智库功能，积极搭建澳门与横琴的沟通桥梁，促进珠澳高层合作意愿以及合作对接；通过开展高层咨询会，分析未来发展所面临的挑战，争取政策支持，有针对性地为解决深合区的发展问题提出建设性意见，并形成高质量报告；成功策划并组织召开多届十字门金融周，汇聚国内外各领域的专家力量，为琴澳现代金融合作谋划新思路；组织开展相关产业分析，促进横琴开展科学的产业布局与规划；推介并组织第四次工业革命创新技术企业及项目落地，壮大横琴实体经济。这是蓝迪以区域发展为核心、打造地方政府服务闭环的样板。

二 以头部企业为引擎，带动发展效益

头部企业不仅助推当地经济，产业还会围绕头部企业形成一个生态系统。要推动经济创新发展以及加快产业集群聚集，应当进一步增强头部企业的引领作用，通过头部企业带动产业链上下游走出一条高质量、高效率、可持续发展的崭新路径，在重塑世界产业格局的同时，凸显其行业"灯塔"效应。

蓝迪国际智库多年来深耕第四次工业革命研究与实践，充分发挥头部企业对重点产业链的引领带动作用，推动产业链上下游企业协同发展，增强头部企业的配套集成能力、共生发展能力和综合竞

争实力，维护产业链安全稳定。聚焦头部企业发展壮大过程中，蓝迪国际智库助力补齐技术短板，着力提升头部企业研发创新水平，支持头部企业不断优化、更新和迭代产品技术，并为其新技术新产品提供示范应用场景，巩固其产品质量和品牌优势，进一步拓展国际国内市场。与此同时，平台积极挖掘行业基石企业，集聚产业链优质企业，打造稳固产业生态，支持头部企业增资扩产提质增效，提高产品技术含量和附加值，稳固和扩大市场占有率。蓝迪国际智库积极鼓励头部企业带动产业链上下游联动发展，建立头部企业链式服务机制，为头部企业提供定制化、专业化服务。

以蓝迪平台企业——海尔集团为例。海尔集团是中国本土成长起来的、较早开始国际化布局并取得全球领先地位的美好生活解决方案服务商。历经 38 年积累，海尔已从初期的电冰箱制造，迈入衣食住行、康养医疗的物联网生态圈。如何在第四次工业革命浪潮中先行一步，朝着新型制造业等领域创新开拓，带动区域产业转型升级，成为海尔集团的战略命题。为此，蓝迪国际智库与海尔集团围绕国内外大势与布局策略，家庭机器人、新能源全自动汽车等前沿产业布局，以及海尔集团人才队伍的思想建设、政策培训等展开合作，通过战略咨询、智库报告、国际峰会等场景合作，助力海尔集团抢抓时代机遇、打造行业标杆；此外，蓝迪国际智库还联动中国基本建设优化研究会（以下简称"中基会"）、海尔集团共同成立中基会数字健康分会。数字健康分会发挥海尔集团作为行业头部企业的科技优势以及产业上下游企业聚集的资源，整合中基会以及蓝迪国际智库的研究能力、金融链资源，以蓝迪全方位全系统的七大企业服务体系为重要支撑，与地方政府、高校开展合作，连接产业链上下游企业为客户提供服务，打通政府客户（to G）、企业客户（to B）、一般用户（to C）三端，从而打造数字化端对端服务模式。

三　以品牌建设为基础，搭建合作平台

中国特色新型智库的组织形式和管理方式涉及很多重要方面，其目标不外乎提升智库成果的传播力和影响力，这涉及智库的品牌建设。品牌是人们对一个企业及其产品、售后服务、文化价值的一种评价和认知，是一种信任。对智库而言，智库品牌是指智库的服务对象或受众对其产出、成果乃至能力、水平的认知程度和信任程度，体现的是智库的核心价值，代表的是智库的信誉和质量，是区分同业同行的重要标志，具有很高的辨识度。其中，会议是智库品牌的重要载体之一。各大智库积极策划、组织各种国内国际高端论坛、研讨会、峰会，并通过现在新媒体的手段，对外传播智库思想，建立其在国内外的话语权。

蓝迪国际智库一直以来努力开展高端智库品牌建设，在会议方面，目前已经形成了"蓝迪国际智库高层咨询会""中巴经济走廊论坛""十字门金融周""BEYOND国际科技创新博览会"等智库会议品牌；与此同时，还积极与政商学界联合举办国内外热点研讨会、产业峰会等，本着"结果导向"，蓝迪聚集各界专家及企业家，就与会议相关的核心议题展开深入讨论，并收获丰硕的会议成果。

以"中国数字建筑峰会2021"为例。蓝迪国际智库与平台企业——广联达科技股份有限公司（以下简称"广联达"）长期以

来建立了深度的合作关系，开展了一系列项目合作。2021 年，为进一步深化"智库+企业"合作实践，助力企业提升战略布局，蓝迪国际智库在广联达的邀请下，对"中国数字建筑峰会 2021"进行顶层设计。峰会以"'十四五'新征程 探索高质量发展新路径"为主旨，设置专家演讲、主旨演讲、企业家对话、高层咨询会等环节，采取线上与线下相结合的方式，聚焦"十四五"时期建筑业数字化、智能化发展趋势，展望智能建造新未来，为建筑业企业数字化转型、实现高质量发展提供智力支持。蓝迪国际智库发挥政府资源优势，促使此次峰会在浙江省住房和城乡建设厅、浙江省经济和信息化厅支持和指导下召开，提升了会议规格和会议层次。智库通过聚集浙江省政府相关部门、数字建筑产业上下游企业及专家学者，以战略及规划先行，输出智库方案，搭建合作平台；以领袖沙龙、高端论坛、优秀项目观摩等为桥梁，为建筑行业动能转换和企业创新发展搭建对接平台，以场景创新赋能企业数字化转型，实现建筑业全要素、全过程、全参与方的数字化、在线化和智能化，谋求行业与企业共赢发展。

四　以研究成果为根本，提升智库效能

习近平总书记指出，智库建设要把重点放在提高研究质量、推动内容创新上。建设中国特色新型智库的关键在于要逐步培育和形成具有中国特色的智库思想市场。置身当今百年未有之大变局，智库要增强战略思维能力，以提升选题、研究过程与结果的战略价值；智库要拓宽观察视野，构建思维框架，延伸思维链条，探讨具有长远效应和战略意义的应对策略。

蓝迪国际智库在开展研究工作时，始终聚焦战略性、前瞻性问题出思想、出成果，以中国视角聚焦中国实际、提供中国方案、服务中国发展，为政企提出有针对性、操作性、精准性的对策建议以及措施方案，着力解决国家、地区经济社会发展以及企业经营面临的重大问题。同时，蓝迪国际智库也应顺应时代潮流和发展趋势，立足当今世界大发展大变革大调整的背景，紧紧围绕人类命运共同体以及"共商共建共享"的全球治理体系建设等重要课题和焦点问题，提出方案，贡献智慧。

蓝迪国际智库的研究成果聚焦目标导向、价值引领。我们把握好智库的价值属性，把对人类的关怀、对贫弱者的关心、对国家的热爱、对社会的关切、对人民的责任放在首位；瞄准国家需要、研判民众诉求、服务党和政府决策、履行智库使命，产出品质高、影响大、聚焦准、成效好的研究成果，形成具有前瞻性、战略性、建设性和应用性的政策建议。目前的研究报告已形成对决策的影响、对社会的影响以及对国际的影响。

蓝迪国际智库在开展研究工作之时，着力提升研究能力，强化理论和实践相结合、国内外经验相结合，以国际化战略眼光看问题，研究方法与国际接轨，积极强化比较分析和政策评估，切实明确所提供的智库产品的质量要求，用心用情用力打造富有可操作性、显示度和可检核的独创性思想产品。

以《关于我国机器人产业发展的建议》为例。浙江省是我国机器人产业和应用融合发展的标杆区域之一，在杭州、余姚等地已形成产业链集聚效应。目前，宁波重点建设以"机器人智谷小镇"为中心的余姚机器人生态圈，打造余姚工业机器人高端制造基地，现已初步形成集机器人零部件、整机、系统于一体的产业链，在我国机器人产业发展中发挥了重要作用。中国机器人峰会是国内规模最大、最具影响力的机器人盛会，自第三届开始，峰会永久落户余姚，成为余姚机器人产业创新发展的金名片。2021 年 7 月，受余姚市委市政府邀请，中国社会科学院"一带一路"国际智库、蓝迪国际智库参与承办第七届机器人峰会，组织举办了"蓝迪国际智库机器人企业专场对接会"，并积极参与人机共融智能机器人操作系统论坛、工业机器人产业发展论坛、人工智能机器人技术与新工科人才培养论坛等主题论坛，邀请国内相关领域知名专家学者、优秀企业代表参会，聚焦机器人和人工智能、工业互联网、数字经济、智能经济，精准把握机器人及人工智能领域技术创新动态和产业发展趋势，为余姚机器人产业规划进行顶层设计并指导产业落地。

会后，中国社会科学院"一带一路"国际智库、蓝迪国际智库、中国信息通信研究院华东分院结合对全球机器人产业发展现状的梳理，分析余姚机器人产业发展环境和发展情况，形成了《关于我国机器人产业发展的建议》。中央领导对该报告高度重视并作出批示。2021 年 10 月 10~12 日，根据批示精神，工信部装备一司以该报告为重要参照依据，借此契机挖掘机器人产业重点企业，对余姚机器人产业的代表企业智昌科技集团股份有限公司、宁波伟立机器人科技股份有限公司进行实地考察调研，深入了解相关企业的发展现状及发展需求，并围绕"机器人产业发展和推广应用"召开企业座谈会，为我国及余姚市提出产业下一步升级发展的建议，并充实政府种子企业名单。

蓝迪国际智库在探索高端智库发展道路的过程中，充分发挥智库功能以及平台优势，为决策者提供高质量智力服务以及资源对接，形成了具有一套成熟的服务范式，呈现"创新型、应用型"的特点。蓝迪国际智库将继续深化智库建设，致力于成为思想观点和价值目标的创造者、重点领域决策的提供者、社会公共利益的代言者、政策研究人才的培养者、政府与公众及企业的沟通桥梁、全球合作交流的国际平台，为国家的经济发展贡献更多的智库力量。

第六章 "挖掘—培育—推介"赋能型智库服务体系

蓝迪国际智库在新型全球化和第四次工业革命背景下应运而生，始终坚持以打造中国特色新型智库为目标，服务国家治理能力和治理体系现代化；以"一带一路"倡议为载体，推动构建国际新格局与人类命运共同体；以第四次工业革命与数字经济为引擎，促进科技创新与成果转化。自 2015 年成立以来，蓝迪国际智库一直在积极探寻新型智库与企业的合作路径，致力于"挖掘、培育、推介"优秀的中国企业与技术，尤其是第四次工业革命的高新技术企业以及"隐形冠军"企业，为全球发展与国家战略实施服务，现已搭建起广泛的企业网络及完备的企业服务体系。

一 蓝迪企业赋能三步法

截至 2021 年 12 月 31 日，蓝迪平台已汇聚 437 家平台企业及机构，覆盖人工智能、智能制造、智慧城市、基建与新基建、能源与新能源、医疗健康、环保、教育、农业及食品加工、文旅等众多新兴技术和民生领域。蓝迪平台企业间的产业合作、跨界融合不断增强，形成新的经济增长点。蓝迪企业平台生态的持续繁荣，源于蓝迪国际智库从创立以来，一直坚持的企业赋能三步法，即"挖掘—培育—推介"。

（一）在企业挖掘方面

蓝迪国际智库积极通过与各地方政府、科研院所、头部投资机构等的合作来挖掘所在区域、所在行业领域的头部企业、"独角兽"企业、产业链上下游配套企业。更重要的是，在链接企业过程中，蓝迪国际智库通过对企业进行深度的实地调研，聚焦企业痛点，并基于行业现状、竞争格局、竞争对手优劣势、企业上下游、企业行业地位及市场占有率、企业治理结构、市场集中度、商业模式、技术和产品研发等重要指标，分析预测其所挖掘的相关企业的发展前景和投资价值，挖掘和突出企业优势，形成企业专题调研报告；并将优质的企业和项目纳入蓝迪国际智库项目库当中，持续跟踪企业发展动态。

（二）在企业培育方面

蓝迪国际智库现已形成一支多学科、跨领域，具有专业教育背景、行业积淀，熟悉市场与资本操作，能为企业提供系统全面服务支持的人才队伍，可以充分调动其智库网络、城市网络、国际网络、媒体网络等资源，按照"国家+区域/城市"的合作模式，为其所挖掘的优质企业匹配在发展过程中所需要的资源，与优质的企业建立紧密的合作关系，提供战略咨询、市场推广与业务拓展、投融资平台对接、政府公关等涵盖企业发展全生命周期的多样化服务。经过科学论证分析后，蓝迪国际智库从项目库中挑选出具有极大发展潜力的企业，对其进行全方位的孵化与培育，推动相关企业在核心技术领域锚定目标，实现整体科技水平从跟跑向并行、领跑的战略性转变；引导和鼓励企业加强颠覆性技术研发，推动5G、人工智能、芯片等一批硬技术进入行业应用，重点扶持在虚拟现实、区块链、量子技术等领域颠覆性创新技术的突破。

（三）在企业推介方面

蓝迪国际智库通过主办、承办相关高端会议、论坛品牌活动来推介企业，并联手国家相关部委、地方政府为企业提供发展机会，以提升企业在国内外的知名度；将企业当前发展需求和国家发展战略、国际产业趋势相结合，充分发挥其平台优势，在"一带一路"共建国家、上海合作组织成员国、粤港澳大湾区与葡语系国家、中东欧国家、"中巴经济走廊"等区域对企业进行重点推介，为企业搭建国际化的交流与合作平台，以促进企业新旧动能转换，助力加快形成"双循环"新发展格局。其中，蓝迪国际智库在开展对外合作的过程中，积极助力蓝迪平台企业——海尔集团参与"中巴经济走廊"建设，链接中巴的政府及企业资源，帮助海尔集团成功建设海尔—鲁巴经济区。疫情之下，蓝迪国际智库密切关注中巴两国疫苗合作，积极推介蓝迪平台企业——斯微（上海）生物科技股份有限公司在巴基斯坦开展mRNA疫苗的Ⅱ/Ⅲ临床试验，帮助其对接巴基斯坦卫生部门以及顶级的CRO公司，并积极跟进试验动态与结果；此外，帮助蓝迪平台企业——广联达对接意大利罗马大学建筑学院，成功地开展了2020年GIS BIM数字集成设计培训课程，为企业人才培养提供了新动力。

二　蓝迪企业服务体系

蓝迪不仅充分发挥自身企业赋能作用，还联合优质合作伙伴共同搭建起包含法律服务、政策研究、技术标准、信息服务、金融支持、文化与品牌、能力建设七大要素的企业服务体系，为企业发展提供全方位、全生命周期的增长加速服务（见图6-1）。该体系的高效运转已极大地助力蓝迪平台企业优化资源配置、加强能力建设，为企业转型升级与"抱团出海"赋能，加快融入"双循环"新发展格局。

图6-1　蓝迪国际智库企业服务体系

（一）法律服务

蓝迪国际智库携手中国律师业具有领先优势的集团性律师事务所，以及第十三届全国政协社会和法制委员会委员、第十届中华全国律师协会监事长、国浩律师事务所首席执行合伙人、蓝迪国际智库专家委员会委员吕红兵，国浩律师（上海）事务所主任、管理合伙人、蓝迪平台成员黄宁宁等法律行业专家，为平台企业提供法律咨询服务。我们针对涉法问题进行分析、指导，帮助企业及时做好防控和排除法律风险，深入企业开展"法律体检""法企对接"等专项法律活动，确保企业的合法权益以及商业价值不受侵害。

（二）政策研究

蓝迪认为营商政策的稳定性是地方政府"商誉"的关键，与频繁出台优惠招商政策相比，保持合理的"稳商"政策更能吸引长期合作的企业。蓝迪国际智库组建了由中国社会科学院"一带一路"研究中心研究员、东南大学文化传媒与国际战略研究院高级研究员智宇琛和中国社会科学院俄罗斯东欧中亚研究所科研处处长、中国社会科学院"一带一路"研究中心副主任、中国俄罗斯东欧中亚学会秘书长王晓泉等青年学者主导的研究团队，与相关重要节点国家以及中国地方政府、商协会和企业之间建立了密切的沟通机制，积极引导地方优化营商环境，为优质企业及项目的落户做好政策支撑。

（三）技术标准

技术标准犹如市场边界，是企业拓展国内外市场的重要条件。蓝迪国际智库非常重视技术标准的引领性作用，通过联手中国标准化研究院、北京标研科技发展中心等相关专业机构，与中国标准化研究院副院长、蓝迪国际智库专家委员会委员李爱仙和北京标研科技发展中心主任、全国分析监测人员能力培训委员会办公室主任、蓝迪国际智库专家委员会委员谭晓东等标准领域专家团队合作，系统梳理各产业、产品在国际及中国的准入和技术标准，确保企业能够以标准为引领，开展研发、设计、加工、制造等业务及进行国内外合作，促进市场联通。

（四）信息服务

商机信息是企业开展经济技术合作的必要前提。然而对于单一企业特别是中小企业来说，了解和把握跨国商机有一定难度。蓝迪国际智库积极与中国电子信息产业发展研究院、中国信通院等国内外重要的产业创新发展平台及服务机构合作，就5G、工业互联网、智能制造、移动互联网、物联网、车联网、未来网络、云计算、大数据、人工智能、虚拟现实/增强现实（VR/AR）、智能硬件、网络与信息安全等方面进行深入研究与前瞻布局，在融合各领域的战略和政策研究、技术创新、产业规划和发展、安全保障等方面发挥了重要作用；联合中国电子信息产业发展研究院院长、蓝迪国际智库专家委员会委员张立和中国电子信息产业发展研究院中小企业研究所所长、蓝迪平台成员杨东日等专家团队为各地政府及平台企业提供宝贵及时的市场信息指导，从而助力地方政府及企业的科学合理规划发展。

（五）金融支持

蓝迪国际智库已与全牌照证券公司——兴业证券建立了战略合作伙伴关系，共同支持地方政府进行金融创新，在政府资金引导下，充分发挥贷款、债券、基金等金融工具作用，吸引全球资金支持国际合作；同时，为在成长过程中的蓝迪平台企业提供投融资对接，并为具有一定规模和资质的平台企业提供保荐上市服务。2021年，为助力澳门推动绿色金融的发展，蓝迪国际智库向粤澳深度合作区金融部门推荐兴业证券，为其提供关于"深合区建立绿色金融服务平台"的建议及构想，下一步将积极关注并参与相关平台建设。

（六）文化与品牌

企业文化和品牌是塑造企业影响力、控制力、领导地位的有力武器。蓝迪国际智库充分调动自身的智库网络、媒体网络资源，积极与中国旅游研究院（文化和旅游部数据中心）副院长、蓝迪国际智库专家委员会委员唐晓云等专家团队合作，开展文旅发展研究及进行产业规划，导入优质的文创资源，借助大数据平台共同参与塑造与提升企业的品牌形象，扩大企业的内涵，以助力企业构筑独具特色的企业文化，打造高质量的企业品牌，发挥企业的整体品牌效应。

（七）能力建设

促进国内外经贸合作、双向投资，需要中国政府机构和企业主体大力引进具有国际眼光、懂得国际经营的人才，同时应当组建熟悉国际规则和运作的管理团队、配套产业发展的人力资源团队。蓝迪国际智库充分利用其行业专家的资源优势，为企业和地方政府做了大量的人才培训指导，助力企业与地方的高质量发展。例如，为赋能涿州招商引资与园区合作，蓝迪国际智库于 2021 年 7 月组织策划了涿州市领导干部赴江浙调研与招商培训研修班。其间，研修班学员调研了昆山市汽车产业链、电子制造产业链、昆山深化两岸产业合作试验区、昆山生物医药产业园以及全区内重点企业、余姚中意启迪科技城、上海自贸区，为涿州提升营商环境以及促进园区发展提供了参考和指导。研修班学员还参加了第七届中国机器人峰会，听取了蓝迪国际智库专家委员会联合主席黄奇帆《数字经济时代的智能制造产业发展》，蓝迪国际智库专家朱嘉明《数字经济时代的机器人产业：人工智能 3.0、互联网 3.0 与区块链 3.0 的融合趋势》、项立刚《5G 赋能智能机器人产业发展》、谭晓东《质量合规性（IQC）助力机器人产业高质量发展》的主旨报告，由此学员们精准把握机器人及人工智能领域的技术创新动态和产业发展趋势。此次研修班通过现场调研、专家解析等各种方式帮助涿州实现招商思想大解放、招商干部素质大提升，打造一支工作作风过硬、专业能力突出、项目洽谈高效的招商队伍，助力招商引资实现新的更大突破。

综合来看，蓝迪国际智库现已探寻出一条新型应用型平台型"智库+企业"合作路径，积极发挥自身的资源优势，为企业发展赋能，努力帮助平台企业解决发展问题，成功孵化、加速了今迪森肿瘤基因治疗技术、蓝欧生活有机垃圾生物降解技术、天壮生态可降解技术、广联达建筑企业数字化改造技术等一批高新技术及潜力企业。未来，蓝迪国际智库将继续关注重点企业的核心技术发展、技术标准建设，重点挖掘企业与科技的发展潜力，助力企业开拓新的国内市场，让更多的科技成果走向民生领域，造福人民；同时，将着重提升企业的国际化能力建设，更加多方位地提升企业的文化与品牌建设，并助力其在国际舞台上展现出更强的中国企业实力，参与国际竞争。

第七章　"21世纪资源整合者"平台型智库合作机构

"双循环"大背景下，推进新型智库建设要更加注重国际与国内的资源整合。通过资源整合，智库能够完善自身功能，建立多样化的合作渠道与网络，通过联合各行各业合作机构，为政企带来更高质量的服务，从而助力区域、地方以及企业撬动经济社会发展的杠杆。蓝迪国际智库认为，第四次工业革命最大的特征是产业的跨界和融通，谁能组织好资源，谁能把这种概念很好地融合起来，谁就是 21 世纪的成功者。蓝迪自成立以来一直在践行这个理念，努力将自身打造成 21 世纪的智库、国际、企业的资源大平台。在推进智库平台化建设的过程中，蓝迪非常重视与具有资源整合能力、能够推动开放合作与跨界融合的平台型机构建立战略合作伙伴关系，在为决策者提供智库服务的过程中，整合各方优势，提供政策研究、法律服务、技术标准、信息服务、金融支持、文化与品牌、能力建设七大服务内容，共同推进项目落地，共同打造智库创新合作生态圈。

一　标准

当今世界处于百年未有之大变局，全球格局重构引发国际规则重塑，标准作为国际规则的重要组成部分日益成为各国博弈焦点。随着新一轮科技革命和产业变革加速发展，重大颠覆性技术不断涌现，产业生态快速演化，标准在科技与产业间的桥梁作用更加显著，在全球创新版图和产业布局深度调整中成为关键要素。标准的统一，对于规范技术行为，使相关方和国际服务对象快速了解先进生产力发挥的产业作用进而提升国内外企业对生产工艺、技术水准、生产流程、服务规范等互信度具有不可替代的作用。正因如此，标准也被当今国际公认为产业质量基础的评定依据和规范发展的保障。标准对企业占据市场主导地位、企业"走出去"、产品认同乃至合作双方之间加强、加快深入的产业合作与贸易合作，拓展新的合作领域，都具有极其重要的意义。

蓝迪国际智库坚持标准引领产业高质量发展，注重平台企业对标准应用方面的诉求。在标准制定领域，我们与国家级权威标准化机构中国标准化研究院、第三方国际质量合规性（IQC）原创引领机构北京标研科技发展中心，建立了长期战略合作关系，充分发挥这两家标准制定机构的优势，为平台中的"独角兽""隐形冠军"等企业进行各类产品和运行流程标准化战略策划和综合应用实施工作，在践行并服务先进行业创新性高质量发展以及传统行业产业结构转型升级方面，提供了良好的标准服务输出和前行辅力。

（一）中国标准化研究院

中国标准化研究院隶属于国家市场监督管理总局，是开展基础性、通用性、综合性标准化科研和服务的社会公益类科研机构。中国标准化研究院围绕支撑国家经济社会高质量发展，重点开展标准化发展战略、基础理论、原理方法和标准体系研究，开展相关领域的标准制（修）订和宣贯工作；承担相关领域的标准化科学实验研究、验证、测试评价、开发及其科研成果推广应用工作；承担相关领域的全国专业标准化技术委员会、分技术委员会秘书处工作；承担标准文献资源建设与社会化服务工作；还支撑国家市场监督管理总局以及国家标准化管理委员会的相关管理职能，包括我国缺陷产品召回管理、国家标准评估、工业品质量安全监管、产品质量国家监督抽查等工作。

中国标准化研究院是蓝迪国际智库标准服务体系的重要支持机构，致力于服务和支持蓝迪国际智库平台企业的标准化需求。双方自建立合作伙伴关系以来，积极举办专题研讨会，开展实地调研，服务山东济南天壮环保有限公司、新疆亚欧国际物资交易中心有限公司、江苏欧尔润生物科技有限公司等平台企业标准制定，推动蓝迪国际智库平台的标准服务机制的完善与发展，并积极组织政府、企业、行业和社会资源，在标准引领下，为平台企业参与"一带一路"建设提供服务和支持。

未来，双方将释放标准化科技成果应用效能和技术服务潜能，提高标准化服务发展能力，以服务现代产业发展、推动经济体系优化升级为着力点，系统建立节能减排、生态环保、绿色发展等领域标准体系，深入推进新技术新产品新业态新模式标准化建设工作，加强标准化科研国际合作，服务"质量强国"建设，为经济社会高质量发展提供坚强有力的支撑。

（二）北京标研科技发展中心

北京标研科技发展中心（以下简称"北标研"）是蓝迪标准化服务的重要合作伙伴，以国家质量基础设施（NQI）和自主原创国际质量合规性（IQC）全新理论为基础，以产业链重塑和打造全新产业生态为关注点，将"标准化+产业计量+检验检测认证+国际认可"等质量要素进行协同联动，开展法理、政策、技术、管理、品质+品牌和国际化等多维度研究，并将近年的创新性研究成果有效应用到促进创新技术引领型企业和创新产业聚集区产业生态高质量发展中，取得良好成功范例。北标研着眼"中国团标"国际化建设，积极对接"一带一路"共建国家投资和产业合作项目，提供国内外创新技术产业化和境外区域产业协作高质量发展综合规划。

蓝迪与北标研于 2021 年 8 月共同成立了珠海澳标云舟科技发展有限责任公司，落户横琴，致力于为澳门提供研制综合性基础标准和权威标准化数字化一揽子服务，为推动粤澳创新技术进步、产业升级、提高产品质量等提供重要支撑，为横琴粤澳深度合作区的标准化决策提供科学依据。2021 年 9 月 16 日，双方在深圳共同主办中国跨境电商国际质量合规性（IQC）峰会。本次活动以国际质量合规性（IQC）和国家质量基础设施（NQI）双理论驱动为主题，为打造服务中国跨境电商质量合规出海新供给模式提出了全新方案。

未来，双方致力于为平台机构提供综合性、订制化标准服务，联合开展促进区域产业和头部企业高质量发展的订制化课程、培训和活动，探索"智库+标准化订制"赋能企业发展的最佳路径；以国家质量基础设施（NQI）融合优势资源挖掘和定义产业质量、品质和品牌内涵、外延与价值；同时，强化国际质量合规性（IQC），跨界重构产业生态路径研究和实践，为平台机构提升"处突应变"能力和支撑"稳中求进"工作总基调，贡献"蓝迪标研"力量。

二　金融

随着社会经济的不断进步与发展，金融的重要作用越发凸显。改革开放以来，金融的重要性体现在它是现代经济的核心。党的十八大以来，习近平总书记提出"金融是国家重要的核心竞争力"。金融业作为国民经济的重中之重，是一个无法替代的关键组成部分，直接关系着国家产业经济发展的稳定性以及科技创新的进程。

开启"十四五"新征程，金融应当进一步适应产业优化升级的需要，服务实体经济适配性。

蓝迪国际智库高度重视金融对于产业经济发展的推动作用，积极吸引了招商局资本投资有限责任公司、兴业证券股份有限公司、横琴金融投资集团有限公司等在金融业具有突出业绩的平台型企业加入蓝迪的服务团队，大力促进这些金融机构与产业融合，创新金融服务推动地方转型升级、产业结构调整以及企业扩大经营规模；与此同时，也积极重视城投公司作为我国社会建设重要组成部分所发挥的作用。近年来，我们与重要的城投公司建立了良好的合作关系，积极布局区域内战略性新兴产业和重点发展产业，撬动社会资本来增强企业潜在造血能力，服务区域内产业发展，为平台业务多元化扩张、提前锁定新利润增长点奠定基础。

（一）招商局资本投资有限责任公司

招商局资本投资有限责任公司（以下简称"招商资本"），成立于2012年，注册资本20亿元人民币，国内运营总部设在深圳，国际运营总部设在香港。招商资本原为招商局集团的重要子企业，2019年，通过引入战略投资人、推进混合所有制改革，现为招商局集团与普洛斯的合营公司，专门从事另类投资与资产管理业务。

招商资本依托招商局集团的全球布局和自身在内地与香港建立的跨境经营、投资平台，能够极大地调动各类境内外资源，为被投资企业提供全方位的资源整合服务。同时，招商资本依托普洛斯在境内外募资、基金管理和投资运营等方面强大的综合实力，不断引入先进的管理理念和市场化的体制机制，为投资人带来良好的投资回报。

招商资本致力于成为中国一流和世界知名的另类资产管理机构，并提出了打造 5000 亿元资产管理规模的宏伟目标。长期以来，招商资本秉承"诚信、规范、卓越、共享"的经营理念，把握中国结构改革、产业升级和新城镇化的战略机遇，运用招商局集团和普洛斯的网络优势和产业背景，在交通基建物流、不动产及相关、金融及金融科技、TMT、先进制造、新能源及节能环保、医药大健康等领域寻求合作契机。

招商资本下设招商局资本管理有限责任公司、招商局资本控股有限责任公司、粤港澳大湾区产业基金管理有限公司、招商局资本控股（国际）有限公司。

招商资本现有 8 个部门，分别为基金部、投资管理部、风控合规部、研究发展部、人力资源部、财务部、综合管理部、董事会办公室。截至 2021 年 11 月，招商资本管理总资产折合人民币近 3000 亿元（约合 470 亿美元），设立了 25 家基金管理公司（中国内地 17 家、境外 8 家），员工总数 250 人。

蓝迪国际智库于 2021 年 7 月 15 日在浙江余姚举办机器人企业专场对接会，与会嘉宾围绕数字经济、人工智能、5G 赋能、质量合规性（IQC）等方面，为余姚机器人产业的发展积极建言献策，并开展资源对接。蓝迪国际智库邀请招商局资本管理有限责任公司代表参加此次对接会，通过资源对接加快余姚机器人产业链协同创新发展和特色机器人产业集群培育，助推宁波创建国家制造业高质量发展试验区和浙江建设国家数字经济创新发展试验区。未来，双方将发挥各自的互补优势，共同把握中国发展战略机遇，共同

"挖掘、培育、推介"符合产业导向的优质企业，助推实体经济实现高质量发展。

（二）兴业证券股份有限公司

兴业证券股份有限公司（以下简称"兴业证券"）是中国证监会核准的全国性、综合类、创新型证券公司，成立于1991年10月29日；2010年10月，在上海证券交易所首次公开发行股票并上市（601377.SH）。公司注册地为福建省福州市，主要股东有福建省财政厅、福建省投资开发集团有限责任公司、上海申新（集团）有限公司、中国证券金融股份有限公司等。

兴业证券主要经营证券经纪、承销与保荐、投资咨询、证券自营、财务顾问、融资融券、基金与金融产品代销、基金托管、期货介绍等业务。在全国31个省区市共设有262家分支机构，其中分公司106家、证券营业部156家，控股兴证全球基金管理有限公司、兴证国际金融集团有限公司、兴证期货有限公司、兴证风险管理有限公司；全资拥有兴证证券资产管理有限公司、兴证创新资本管理有限公司、兴证投资管理有限公司；经营海峡股权交易中心（福建）有限公司；参股南方基金管理股份有限公司、中证信用增进股份有限公司、中证机构间报价系统股份有限公司、证通股份有限公司；设立兴业证券慈善基金会，专门从事慈善公益与扶贫活动。兴证国际金融集团有限公司于2019年1月在香港联交所主板上市（6058.HK），是兴业证券集团国际化和全球化发展的平台。

截至2021年三季度末，集团总资产为2153亿元，净资产为440亿元，境内外员工近万人，公司综合实力和核心业务位居行业前列，已发展成为涵盖证券、基金、期货、资产管理、股权投资、另类投资、产业金融、境外业务、区域股权市场等专业领域的证券金融控股集团。

兴业证券自成立以来，始终坚持依法经营、稳健经营、文明经营。在中国特色社会主义进入新时代的新形势下，兴业证券提出了"建设一流证券金融集团"的战略目标，正朝着专业化、集团化、国际化方向奋力迈进。兴业证券明确提出要把公司建设成为具有一流的资本实力，一流的风险管理能力，一流的竞争能力和盈利能力，一流的人才和优秀企业文化、科学的机制体制以及较强国际竞争力的一流证券金融集团。

以蓝迪国际智库平台资源优势和兴业证券综合金融服务优势为基础，双方通过资源整合和优势互补，全力推进蓝迪平台企业快速成长，扩大直接融资比重，推动重点后备企业上市挂牌，探索智库研究咨询、产业投资基金、各类股权投资、大型国企债券融资多领域、深层次合作，为蓝迪国际智库提供平台企业孵化、行业产业研究、产业基金管理、企业债券融资、IPO上市保荐等全方位金融服务。未来，双方将全面强化协同，积极发展绿色金融，以科技赋能业务发展和创新，共同为资本市场和社会经济发展贡献力量。

（三）横琴金融投资集团有限公司

横琴金融投资集团有限公司（以下简称"横琴金投"）于2014年1月28日成立，实缴注册资本金40亿元，是横琴新区为推进金融创新、深化对澳合作、以投融资手段加速产业培育、探索国有资本市场化运营新模式而设立的国有独资企业。截至目前，其管理的资产规模超过170亿元，集团旗下共有7家全资子公司、1家控股子公司、30家参股及有限合伙企业。战略定位是综合金融投资平台、政府引导基金运营平台、创新金融平台、产业公共服务平台。

横琴金投的业务板块包括以下几个方面。

（1）产业项目投融资。投资区内科技初创型、成长型企业和战略型新兴产业，助推产业做大做强；通过管理运营天使投资基金，促进横琴新区产业培育，鼓励创新创业，扶持企业发展。

（2）政府引导基金。以国有资本撬动引导社会资本，以母基金形式发起、参与产业基金，通过政府引导基金杠杆放大效应吸引社会资本投资横琴，促进产业培育。

（3）创新金融。参与横琴重点建设项目投融资，支持重点项目顺利建设；发展类金融业务，开展跨境人民币业务，参与设立金融要素平台。

（4）产业公共服务。发起设立横琴金融行业协会，致力于创新金融模式，规范行业发展；建设投资与产业培育相关的公共服务平台，助力企业成长。

蓝迪国际智库目前与横琴金投在积极推进为蓝迪平台优质的基因肿瘤治疗技术项目融资，希望共同助力该优质项目落地横琴，壮大深合区生物医药产业发展力量。未来，双方将抢抓粤港澳大湾区及粤澳深合区建设发展先机，合力以金融服务更多高新技术及种子项目落地横琴，助力深合区高质量建设与发展。

三　品牌

品牌建设对于企业及机构发展的意义深远。企业及机构要生存发展必须从战略高度重视品牌建设与推广。当今，企业及机构的竞争已经由产品质量和服务的竞争转向更高阶段的品牌的竞争。好的品牌意味着高附加值、高利润、高市场占有率以及强市场竞争力。好的品牌意味着高质量、高品位，是客户的优先选择。品牌建设的重要性已经渗透到企业及机构建设发展的每一个环节之中，尤其对于中小企业来说，品牌建设已经成为其在愈加激烈的竞争环境中迅速崛起的制胜法宝，持续增加企业及机构的价值。

蓝迪国际智库在自身发展建设过程中，高度重视智库品牌建设，聚焦将第四次工业革命与数字经济、新基建进行跨界融合，与各方合力打造了蓝迪国际智库系列高层咨询会，以及 BEYOND 国际科技创新博览会，以澳门为核心地带，链接全球科技创新生态，促进澳门实现产业多元化发展。与此同时，蓝迪国际智库深耕粤澳现代金融产业合作，与澳门、横琴两地政府共同打造了金融产业品牌活动——"十字门金融周"，助力将横琴建设成为澳门经济适度多元发展的新空间、丰富"一国两制"实践的示范区、推动粤港澳大湾区高质量发展的重要增长极、深化改革扩大开放的先行区。此外，蓝迪国际智库也积极为平台企业提供品牌建设方面的智力支持，与智循（珠海）品牌管理有限公司等品牌建设与服务机构助力平台企业抢占品牌高地。

（一）蓝迪国际智库高层咨询会

城市是一个国家或地区经济活动的主要区域和空间载体，是区域发展的中心。城市经济是以城市为空间载体，二、三产业繁荣发展，经济结构不断优化，资本、技术、劳动力、信息等生产要素高度聚集，规模效应、聚集效应和扩散效应十分突出的地区经济。城市经济对一个国家和地区的发展振兴具有引领作用。城市格局在"十四五"时期将发生新的变化，各省区市在这一时期纷纷谋划"十四五"时期的经济建设目标及工作任务，并将提高我国新型城镇化率作为重要指标。

蓝迪国际智库始终将智慧城市建设与新型城镇化紧密结合，根据地方的发展需求、战略导向、产业布局，应邀与各地方政府共同召开蓝迪国际智库高层咨询会、产业高端论坛及研讨会，邀请各行业的专家深入当地调研，在高层咨询会上为地方提供在发展规划、产业布局、营商环境、招商引资等方面的建议，从而促进地方经济的高质量发展。

近年来，我们已与珠海、宁波、苏州、保定、青岛、西宁等粤港澳大湾区、粤澳深度合作区、长三角、京津冀、环渤海以及中西部地区的重要节点城市建立紧密合作，成功召开了系列高层咨询会，包括"广西壮族自治区开放发展"高层咨询会、"'17+1'经贸合作示范区建设发展"高层咨询会、"奋进新时代、苏州再出发"蓝迪国际智库高层咨询会、青海黄河流域生态保护和高质量发展座谈会暨蓝迪国际智库专家咨询会、"创新智能制造　推动长株潭一体化协同发展"蓝迪国际智库高层咨询会、"中国（海南）自由贸易港双循环与对外开放新格局"高层咨询会、中国数字建筑峰会2021暨"助力建筑产业数字化转型"蓝迪国际智库高层咨询等。我们不忘初心，充分发挥智库功能，搭建政企合作交流平台，通过整合优势资源以及深入推进国家智库研究，助力城市群协同发展和地方产业转型升级，提升城市国际化发展水平。

下一步，我们将充分发挥中国特色新型智库的功能作用，利用政策研究引导地方的发展方向以及优化营商环境，搭建产融结合平台，助力地方政府招商引资和企业创新发展，通过资源导入促进地方的国际合作与交流，从而助力地方城市补足短板以及促进行业可持续发展，加快融入"双循环"新发展格局。

（二）BEYOND 国际科技创新博览会

为积极贯彻落实国家战略部署，进一步释放澳门产业多元发展活力，促进澳门与国际科技界展开交流合作，澳门科技总会（MTGA）以 BEYOND 国际科技创新博览会（以下简称"BEYOND 博览会"）为平台载体，展现中国科技创新文化与成果，积极催生科技创新与变革，塑造中国在科技领域的"开放、协同、创新"形象，为构建人类命运共同体贡献科技智慧和创新力量。

BEYOND 博览会以"超越传统，前瞻未来""超越科技，以人为本""超越边界，链接创新"为宗旨，聚焦前沿科技，践行科技向善，并超越传统科技展会，成为亚太地区与拉斯维加斯消费电子展（CES）同等级别及拥有同等影响力的国际顶级年度科技盛会，力争成为全球最具影响力的科技舞台之一。首届 BEYOND 博览会于 2021 年 12 月 2~4 日在澳门隆重举行，在澳门特区政府的支持下，由商务部外贸发展局、国务院国资委规划发展局等共同举办，澳门贸易投资促进局、广东省工商业联合会（总商会）、中关村发展集团、粤港澳大湾区企业家联盟等机构联合协办。博览会集聚专家院士，政府、企业等政产学研各方代表，蓝迪国际智库作为重要合作伙伴为此次博览会提供智力支持。首届 BEYOND 博览会聚焦 4 个科技领域：影响力科技、生命科学、新基建/智慧城市与生活、未来科技，向全球呈现一场高规格、高质量、高影响力的科技盛宴。

BEYOND 博览会邀请了关注科技影响力的全球知名业界人士参加开幕式并发表主旨演讲，为有梦想的青年人、科创人带来启迪和激励。开幕式上，第十二届全国人大外事委员会副主任委员、中国社会科学院"一带一路"国际智库专家委员会主席、蓝迪国际智库专家委员会主席赵白鸽在最后的演讲中阐释了 BEYOND 博览会的品牌、价值、意义及未来展望。

展会期间举办了数十场专题论坛，深度探讨行业创新风向以及商业模式，共同推动产业发展。尤为值得关注的是，首届 BEYOND 博览会举办了"可持续发展峰会"，峰会旨在直面全球可持续发展面临的巨大挑战，寻求破解发展难题的方法，探索通过科技创新和绿色科技在全社会形成节约资源和保护环境的空间格局、产业结构、生产方式和生活方式，以实现 2030 年"碳达峰"和 2060 年"碳中和"的"双碳"目标，同时向世界展示可持续发展的中国智慧、中国方案、中国经验，为全球实现可持续发展目标贡献中国力量。

BEYOND 博览会高度关注企业作为市场主体和科创主体的关键作用，为初创型公司提供了多元交流和深度对接的机会，为企业带来了资本、产业、政策等方面的支持和合作机遇，同时为参展的大型企业提供了产品发布、行业交流和品牌影响力打造的机会。

BEYOND 博览会落地澳门，将为澳门的会展、科技、商贸等领域注入新动力，为澳门经济适度多元发展作出贡献；将吸引更多的全球优质企业深入了解澳门和横琴粤澳深度合作区，提升澳门畅通国内大循环和联通国内国际双循环的功能；将打造创新型人才策源地，吸引更多具有创新创业精神的年轻一代快速成长与发展；为澳门的多元和可持续发展、粤澳深合区的进一步改革开放、"一国两制"的成功实践作出历史性的贡献。

（三）十字门金融周

蓝迪国际智库积极发挥政商学三界的资源优势，承办了多届十字门金融周，助力横琴打造粤澳金融名片，培育壮大产业高质量发展新动力，在促进澳门产业多元发展上取得更大突破。

2018年10月25～27日，首届中国·横琴十字门金融周在横琴拉开序幕。为期3日的活动积极打造互利共赢的交流平台，充分挖掘横琴产业资源，吸引金融资金聚焦横琴，促进金融服务实体经济。本次活动由珠海市人民政府指导，横琴新区管理委员会、中国社会科学院"一带一路"国际智库、蓝迪国际智库、澳门中国企业协会、中国金融博物馆主办。这场盛会将社会各界政要与企业家的目光聚向横琴，通过积极共探横琴优质资源与潜力产业，为横琴立足新起点的"二次创业"构筑了一个互利共赢的金融交流平台，助力将横琴打造成湾区新引擎。

在珠海市人民政府的指导下，横琴新区管委会联合中国社会科学院"一带一路"国际智库、蓝迪国际智库等单位，于2019年8月18～21日举行第二届十字门金融周。本次活动以"金融+赋能珠澳融合与发展"为主题，旨在加强珠澳合作、全方位展示横琴产业资源和区位优势、搭建金融产业交流平台等；以金融跨界的形式，涵盖"金融+行业协会""金融+旅游""金融+大健康""金融+科技""金融+文化""金融+供应链"等板块，促进琴澳跨境金融交流，服务澳门产业多元发展。

第三届十字门金融周以"深度合作，多元赋能——琴澳金融与企业家对话"为主题，聚焦横琴金融业产业现状，重点探讨横琴对澳门金融合作、横琴金融特色产业发展、新兴科技赋能横琴金融发展、绿色金融助力经济高质量发展、深化金融供给侧结构性改革、金融业对外开放等内容。与会嘉宾为珠澳金融合作积极建言献策，深度参与珠海新一轮改革发展，共同为粤港澳大湾区澳珠极点建设和加快推进横琴粤澳深度合作区建设提供更加强有力的金融服务和保障。

目前，我们参与创办的十字门金融周品牌已成为省级会议标杆。未来，我们将与琴澳两地共同探索"金融+"赋能企业的新突破和新路径，充分发挥应用型智库的外脑作用，为横琴金融创新服务实体经济、打造一流金融营商环境提供新动能，进而为促进粤澳跨境要素高效便捷流动、助推澳门全面融入国家发展大局、丰富澳门特色的"一国两制"实践作出新的更大贡献。

第三部分

泛海拾贝闻回音

——蓝迪平台企业挖掘、培育与推介实践

长久以来，中外经济社会发展的实践证明，企业是社会、经济可持续发展的重要力量。作为最具有效率的市场形态，完全竞争市场的特征之一便是市场中存在众多企业。利用区域经济发展契机和优势，有效地发挥企业能动性，对于推动区域经济发展具有重要的战略意义。而蓝迪国际智库作为新型应用型智库，始终精准扎根于自身定位，一是关注国内外热点问题，为国家决策机构服务；二是关注第四次工业革命相关的新兴技术及产业发展，为企业发展服务。

在当前新型全球化与第四次工业革命相互交织的大背景下，蓝迪国际智库根据联合国可持续发展目标（SDGs），深入分析了全球经济的发展重点与产业链布局趋势，并结合我国"新基建"浪潮、"双循环"新发展格局、"3060双碳"目标等战略重点，筛选出了在数字经济时代下的二十大产业赛道，包括物联网、机器人与自动化系统、智能手机与云计算、智能城市、医学、能源等诸多新兴科技产业。

蓝迪国际智库高度关注我国产业和企业发展，搭建高质量服务平台，对在第四次工业革命中涌现出的众多新兴技术企业，开展"挖掘、培育、推介"等一系列工作，为诸多企业的成长和发展提供智力与资源支持，形成完善的服务体系与合作流程。经过多年积累，截至2021年12月31日，蓝迪平台已汇聚437家企业及机构，行业覆盖人工智能、智能制造、智慧城市、基建与新基建、能源与新能源、医疗健康、环保、教育、农业及食品加工、文旅等科技与民生的诸多领域。

近年来，平台企业之间的合作不断加强，促进了跨界融合，形成了新的经济增长点。针对行业基石企业、"专精特新"企业、"隐形冠军"企业，蓝迪国际智库都基于其转型需求与发展战略，积极利用自身的资源优势，对不断涌现的新技术、新产品、新品牌进行集成式的顶层设计，为企业发展赋能，努力帮助平台企业解决发展问题。目前，蓝迪国际智库已经探寻出一条极具应用性与价值感的"智库+企业"合作路径。

未来，蓝迪国际智库将继续关注重点企业的核心技术发展与标准建设，全力挖掘企业的发展潜力，助力企业开拓新的国内市场，让更多的科技成果走向民生领域、造福人民；同时，将着重提升企业的国际化能力建设，多方位提升企业的品牌建设与国际知名度，增强企业全球竞争力，以期在国际舞台上展现出中国企业更强大的实力。

第八章　行业基石企业

基石企业是在国家和国民不可或缺的基础消费品、基础零部件、基础关键材料领域扮演重要角色的企业，包括央企和支柱型地方国企。在充分的市场竞争中，它们从无到有、从小到大、从国内到国外、从单一所有制到多元混合制、从模仿跟随到局部超越、从地方小厂到全球经营领先者，其成败往往关系到一个行业的兴衰。

本章列举了蓝迪平台内 10 家行业龙头企业，认真梳理企业的核心发展战略与领先技术优势，并详细介绍了蓝迪国际智库挖掘、培育与推介的全过程及未来的合作计划。我们通过介绍企业优势、梳理合作过程，展示了蓝迪对具有行业引领作用的优质企业及第四次工业革命中高新科技企业的重视及助推力量，为推动中国优秀企业数字化转型发展及深度参与国际竞争起到了关键作用。

一　中国电子科技集团有限公司

中国电子科技集团有限公司（以下简称"中国电科"）是中央直接管理的国有重要骨干企业，是我国军工电子主力军、网信事业国家队、国家战略科技力量。2002 年 3 月，经国务院批准，在原信息产业部直属 46 家电子类科研院所及 26 家企业基础上组建了中国电子科技集团公司；2017 年 12 月，集团完成公司制改制，更名为"中国电子科技集团有限公司"。

中国电科主要从事国家重要军民用大型电子信息系统的工程建设，重大装备、通信与电子设备、软件和关键元器件的研制生产。中国电科拥有电子信息领域相对完备的科技创新体系，在电子装备、网信体系、产业基础、网络安全等领域占据技术主导地位。中国电科持续多年入选《财富》世界 500 强，截至目前拥有包括 47 家国家级研究院所、11 家上市公司在内的 700 余家企事业单位；拥有 35 个国家级重点实验室、研究中心和创新中心；拥有员工 20 余万名，其中 55% 为研发人员。

2021 年起，蓝迪国际智库加强了与中国电科多方位的合作。在新年伊始，蓝迪平台企业代表——中国电科国际总经理田耀斌一行便到访蓝迪国际智库，双方就依托蓝迪国际智库平台力量，在 2021 年度及"十四五"时期，加强紧密对接和协调联动，共同积

蓝迪国际智库与平台企业中国电科国际一行举行会谈

极推动"走出去"战略的实施，携手参与高质量共建"一带一路"
等重点问题展开交流讨论。中国电科国际是中国电子科技集团公司
于 2002 年 4 月批准成立的专门从事电子信息产品贸易的全资子公
司。自成立以来，中国电科国际以国际市场为主导，以中国电子行
业科研院所为后盾，坚决践行国家共建"一带一路"倡议、"走出
去"战略。2021 年 3 月，蓝迪国际智库邀请中国电科国际作为平
台企业代表参与蓝迪在北京主办的新科技产业发展讨论会。会议上
中国电科国际总经理田耀斌做代表发言，介绍了中国电科当前着力
于发展电子装备、网信体系、产业基础、网络安全四大板块业务，

力图以加强优势技术的培训、推动重大科技项目、强化政策引领、培养创新发展源头、完善科技创新平台、成体系提升企业科技创新能力等思路和方法助力赋能科技创新。2021 年 4 月底，蓝迪国际智库代表参加中国电科在福州举办的"电科智慧点亮数字丝绸之路"主题活动，与参与嘉宾们共同探讨数字经济如何引领科技创新、带动高质量发展，助力数字丝绸之路建设。

在蓝迪国际智库与中国电科的密切合作中，双方都及时了解了世界第四次工业革命的前沿科技，拓宽了技术合作领域。蓝迪国际智库作为国内优秀智库平台，帮助中国电科找到了合作对象，培养了一批有理想有专业有国际视野的优秀管理者。未来，蓝迪国际智库也将持续关注与中国电科的合作共赢，助力中国电科围绕建设世界一流企业的目标开展工作，突出其"军工电子主力军、网信事业国家队、国家战略科技力量"的三大定位，聚焦"电子装备、网信体系、产业基础、网络安全"四大重点业务领域，着力支撑科技自立自强，着力服务武器装备机械化信息化智能化融合发展，着力提升产业链、供应链现代化水平，加快数字化发展，坚定不移做强做优做大，使其成为新形势下不可阻挡的国家战略科技力量。

二　杭州海康威视数字技术股份有限公司

杭州海康威视数字技术股份有限公司（以下简称"海康威视"）是以视频为核心的智能物联网解决方案和大数据服务提供商，业务聚焦智能物联网、大数据服务和智慧业务，构建开放合作生态，为公共服务领域用户、企事业用户和中小企业用户提供服务，致力于构筑云边融合、物信融合、数智融合的智慧城市和数字化企业。2010 年 5 月，海康威视在深圳证券交易所中小企业板上市，股票代码为 002415。

海康威视的营销及服务网络覆盖全球，目前在中国内地 32 个城市设立分公司，在洛杉矶、香港、阿姆斯特丹、孟买、圣彼得堡和迪拜也设立了全资或控股子公司，并将在南非、巴西等地设立分支机构。持续快速发展的海康威视已获得了行业内外的普遍认可。

海康威视拥有业内领先的自主核心技术和可持续研发能力，提供摄像机/智能球机、光端机、DVR/DVS/板卡、网络存储、视频综合平台、中心管理软件等安防产品，并针对金融、公安、电讯、交通、司法、教育、电力、水利、军队等众多行业提供合适的细分产品与专业的行业解决方案。这些产品和方案面向全球 100 多个国家和地区，在北京奥运会、大运会、亚运会、上海世博会、60 年国庆大阅兵、青藏铁路等重大安保项目中得到广泛应用。

海康威视连年入选中国安防十大品牌、中国安防百强（位列榜首）；连续三年（2005~2007 年）入选德勤"中国高科技、高成长 50 强"、连续三年（2006~2008 年）入选福布斯"中国潜力企业"；连续五年（2007~2011 年）以中国安防第一名的身份入选 A&S"全球安防 50 强"；2011 年名列 IMS 全球视频监控企业第一、DVR 企业第一；连年入选"国家重点软件企业""中国软件收入前百家企业"等；2019 年排在浙江高新企业百强榜单第三位。2020 年 5 月 13 日，作为第一批倡议方，与国家发展改革委等发起"数字化转型伙伴行动"倡议；9 月 15 日，获得 2019 年浙江省人民政府质量奖。2021 年 7 月，2021 年《财富》中国 500 强排行榜发布，海康威视排第 179 位；9 月，入选"2021 浙江省百强企业"榜单，排第 33 位；10 月，被评为第六届全国杰出专业技术人才先进集体。

2021 年 4 月 1 日，蓝迪国际智库一行调研海康威视，深入了解海康威视的组织架构、经营业绩、创新机制、战略规划、产品类别（荧石科技、智慧存储、海康微影、汽车电子、海康消防、海康慧影、睿影科技）、体系建设（营销体系、制造体系、交付体系、人才体系）、品牌理念、核心技术以及创新突破、社会责任等内容。蓝迪国际智库对海康威视的技术实力和取得的各项成就给予了高度评价，对其战略规划与经营理念表示赞赏，并仔细了解了其在经营发展中的实际问题和客观需求。

蓝迪国际智库一行调研海康威视

未来，蓝迪国际智库将基于海康威视的顶层发展愿景，结合当前的技术方向、应用水平、环境变化、行业趋势、竞争态势、自身能力做立体式的研究论证，深入挖掘其核心价值，提供政策性指导和智库资源的对接，助力海康威视创新引领，整合资源，加强服务导向和参与标准的制定，践行"一带一路"国际化发展。

三 广联达科技股份有限公司

广联达科技股份有限公司（以下简称"广联达"）成立于1998年，是国内领先的数字建筑平台服务商；2010年5月，在深圳证券交易所成功上市，成为中国建设工程信息化领域首家A股上市公司（股票代码：002410）。20多年来，广联达立足建筑业，围绕工程项目的全生命周期，为客户提供数字化软硬件产品、解决方案及相关服务。公司业务覆盖设计、造价、施工、运维、供采、园区，以及金融、高校、投资并购等领域，涵盖工具软件类、解决方案类、大数据服务、移动App、云计算服务、智能硬件设备、产业金融服务等多种业务形态。广联达秉承"数字建筑"理念，聚焦运用BIM和云计算、大数据、物联网、移动互联网、人工智能等信息技术助力建筑产业转型升级。数字建筑结合先进的精益建造理论方法，集成人员、流程、数据、技术和业务系统，实现建筑的全过程、全要素、全参与方的数字化、在线化、智能化，构建项目、企业和产业的平台生态新体系，从而推动以新设计、新建造、新运维为代表的产业升级，实现让每一个工程项目成功的产业目标。

目前，广联达在全球建立80余家分（子）公司，服务客户遍布全球100多个国家和地区，拥有员工8000余人，销售与服务网络覆盖全球200余个城市，为31万个企业客户提供近百种专业应用产品及服务。2008年起，广联达在美国、英国、芬兰、瑞典、波兰、德国、意大利、马来西亚、印度尼西亚、新加坡、中国香港等地设立了子公司、办事处与研发中心，国际化步伐稳健有力。一直以来，广联达都怀抱"用科技创造美好的生活和工作环境"的远大理想，始终以专业精神锁定行业，期望在数字化变革新时代，以开放、互联、共享、协同的平台化理念共同打造产业链新生态。

近年来，蓝迪国际智库与广联达保持了紧密的交流与协作。广联达作为蓝迪平台企业多次参与蓝迪的高层咨询会、十字门金融周等系列品牌活动。2021年，在蓝迪国际智库的组织协调下，民生教育和广联达围绕职业教育领域相关合作展开讨论。发展建筑人才职业化教育有巨大的空间，民生是职业教育的根据地，广联达教育是支撑型业务，双方可以优势互补，从增量方面去做拓展。2021年1月，蓝迪国际智库一行考察广联达，共同探讨广联达在"双循环"大背景下的数字建筑业务新布局以及数字建筑人才联合培养等事宜。2021年10月，蓝迪国际智库与广联达联合主办以"'十四五'新征程 探索高质量发展新路径"为主旨的"中国数字建筑峰会2021"，并且组织开展"助力建筑产业数字化转型"蓝迪国际智库专场活动。在国家政策推动的大背景下，基于产业自身发展需要，建筑产业数字化已成为大势所趋。因此，抓住数字化转型的发展机遇，在新技术、新制造、新基建和新业态等方面取得突破，成为建筑业抢占未来发展制高点的必然战略选择。在会上，广联达董事长刁志中分享了《建筑产业互联网开启数字化转型新格局》报告，提出要用产业互联网的思路开启建筑产业转型新格局，通过搭建数字建筑平台构筑产业互联网新动能，联合建筑实体企业和更多数字化行业使能者共建产业新生态。多位专家集聚智慧与能量，为推进

"十四五"建筑产业转型、高质量发展的顶层设计和路径规划提供智力和实践支撑。峰会现场同时发布了广联达数维建筑设计产品。

蓝迪国际智库与广联达联合主办"中国数字建筑峰会 2021"

2021 年，蓝迪国际智库同广联达的合作取得了丰硕成果。未来，双方将继续联合主办数字建筑峰会品牌活动，并在产业研究与政策建言、地区建筑业数字化升级发展、国内外标杆项目实践、产业链技术协同创新等方面展开全面合作，助力广联达以创新精神、领先技术、优质产品、专业服务引领行业发展，在全球范围内以科技连接建筑产业，为推动中国建筑业数字化和自主可控的核心技术发展作出应有贡献。

四 中国土木工程集团有限公司

中国土木工程集团有限公司（以下简称"中土集团"）于1979 年经国务院批准成立，是我国改革开放初期最早进入国际市场的外经公司之一。经过 40 多年的发展，中土集团形成以铁路工程为特色，以工程承包为主业，设计咨询、劳务合作、房地产开发、进出口贸易、实业投资、酒店餐饮等多业并举的大型企业集团。

中土集团在境内拥有铁路工程施工总承包特级、铁道行业甲（Ⅱ）级工程设计、建筑工程施工总承包一级、市政公用工程施工总承包一级、建筑装修装饰工程专业承包一级资质；在坦桑尼亚、阿联酋等国家拥有当地工程承包高级别资质。中土集团境外子公司在尼日利亚、埃塞俄比亚、博茨瓦纳、以色列、新加坡、赞比亚等众多国家拥有当地工程承包高级别资质。

中土集团在多年发展中，始终担当中国建筑业的境外龙头重任。公司充分依托中国铁建设计、施工、投融资总体实力，发挥自身海外经营地缘、人才、管理优势，强强联合，高端运作。先后承揽实施了坦赞铁路、尼日利亚铁路修复改造，博茨瓦纳铁路更新改造，吉布提工商学校，缅甸仰光丁茵公铁两用桥，卢旺达国家体育场，阿联酋城市立交桥，科威特公路，尼泊尔国际会议中心，香港西部铁路，澳门西湾大桥，澳门边检大楼等代表工程。中土集团凭借优异的经营业绩、雄厚的综合实力和上乘的服务质量，不仅跻身国际顶级承包商的行列，并连续多年入选美国《工程新闻记录》（ENR）评选的全球最大 225 家国际承包商，居前 70 名之内。自 2004 年以来，中土集团连续多年入选中国建筑施工企业联合会评选的"中国建筑 500 强"排行榜。目前，中土集团经营业务已遍及世界 108 个国家和地区，拥有一大批熟练掌握国际商务、投标报价、施工管理的海外经营人才。

蓝迪国际智库一行与中土集团领导班子

　　蓝迪国际智库与中土集团已建立了密切良好的合作关系。自2020年以来，在蓝迪国际智库的组织下，中土集团"以智兴企"，双方共同开展了系列专题学习和研讨、"十四五"规划评估等形式的深度合作，为中土集团进一步升级转型提供了有力支持。2021年7月，蓝迪国际智库邀请中土集团代表出席在北京举办的"中巴经济走廊产业合作与产业园区建设"专题研讨会。会议上，中土集团总经理、党委副书记陈思昌表达了集团希望能够进一步发挥集团在境外自贸区和产业园区投资和建设的丰富经验，深度参与中巴产业园区的合作项目的意愿。12月，在澳门"BEYOND国际科技创新博览会"期间，蓝迪国际智库对中土（澳门）分公司进行了深入调研，对中土集团在新兴技术应用、重大工程攻关、企业转型创新方面的卓越成就给予了高度评价。一周后，蓝迪国际智库与中土集团新任董事长刘为民及核心领导班子进行了深入交流和研讨，对新时期把握"双循环"高质量发展战略机遇、实现进一步发展做了全新的规划和展望。双方一方面针对10个重点国家和区域展开深入布局；另一方面在国内同步推动重大工程项目和业务布局。同时，双方将加强合作，针对新兴技术和产业链科技成果进行深入挖掘和使用，有效将中土集团积累的国际工程经验和宝贵资源转化为新时代发展的新动能，不仅为企业更为国家和地区经济发展作出积极贡献。

未来，蓝迪国际智库将携手中土集团，锐意进取，突破创新，共同践行"一带一路"倡议；着眼国内市场优势和内需潜力，推进国内、国际业务协同发展。以开放的心态，积极整合优势、携手共建共享成果，努力为中国企业"走出去"提供智力支持，力争将中土集团打造成为国企央企转型升级和高质量发展的典范。

五 海尔集团

海尔集团创立于 1984 年，是全球领先的美好生活解决方案服务商。海尔集团连续 3 年作为全球唯一物联网生态品牌蝉联 BrandZ 全球百强，连续 12 年稳居欧睿国际世界家电第一品牌，旗下子公司海尔智家位列《财富》世界 500 强。经过 38 年创业，海尔集团已从初期单一的电冰箱制造，迈向多维衣食住行康养医教的物联网生态圈。海尔旗下拥有 3 家上市公司，拥有海尔 Haier、卡萨帝 Casarte、Leader、GE Appliances、Fisher & Paykel、AQUA、Candy 七大全球化高端品牌和全球首个场景品牌"三翼鸟 THREE-WINGED BIRD"，成功孵化 5 家独角兽企业、90 家瞪羚企业、38 家专精特新小巨人，在全球布局了 10+N 创新生态体系、29 个工业园、122 个制造中心和 24 万个销售网络，深入全球 160 多个国家和地区，服务全球超过 10 亿用户家庭。

海尔集团构建了全球领先的工业互联网平台卡奥斯 COSMOPlat，作为工业互联网领域首个独角兽，卡奥斯连续两年入选工信部"跨行业跨领域工业互联网平台"，先后揽获中国管理科学奖、德国工业 4.0 奖、中国工业大奖，牵头及参与制定 40 余项国际、国家标准，并受邀参与欧盟 GAIA-X 计划，用工业互联网推动全球产业变革。此外，海尔还缔造了盈康一生、日日顺供应链、海纳云、海创汇、海尔衣联网/食联网等众多生态品牌。海尔首创的"人单合一"商业模式创新对中国民营企业发展深具启发意义。

海尔集团是中国家电行业标准引领者，也是参与国际标准制度的领军企业之一。海尔集团在四大国际标准组织（ISO、IEC、IEEE、OCF）全面主导智慧家庭国际标准的制定，实现智慧家庭云生态标准体系的全球引领。同时，海尔集团还拥有行业领先的研发与技术竞争力，已在全球范围内建立十大研发中心（其中的 8 家位于海外），以及根据用户痛点随时并联的 N 个创新中心，形成遍布全球的资源网络和用户网络。海尔智能制造的核心竞争力是以用户为中心，由大规模制造向大规模定制转型，实现用户的终身价值。海尔已建成 15 家全球领先的互联工厂样板、2 家第四次工业革命"灯塔工厂"，且整个生态体系的互联互通、数字洞察和智能优化的能力都在持续升级。

蓝迪国际智库长期"挖掘、培育、推介"在新型全球化和第四次工业革命背景下，中国企业在硬核技术创新、拓展全球市场、践行社会责任等方面的典型样板。2015 年，蓝迪国际智库专家委员会主席赵白鸽一行调研海尔集团，并与海尔集团董事长张瑞敏

海尔集团执行副总裁谭丽霞向蓝迪国际智库专家介绍公司发展情况

举行会谈，探讨企业发展战略以及鲁巴经济区发展情况等内容。蓝迪国际智库一直密切关注海尔集团发展动态。2021 年 11 月，蓝迪国际智库与海尔集团旗下大健康生态品牌——盈康一生共同参与承办的"共建共治共享人类健康医疗新基建"物联网医疗国际峰会成功举行。与会嘉宾围绕人类医疗健康领域的前沿理论与创新实践进行智慧交流，清晰地展示了推进医疗新基建、构建物联网医疗生态的强大活力。此外，蓝迪国际智库青岛分部已于 2021 年成立，其定位是深度服务上合示范区、RCEP 创新试验基地、环胶州湾国际合作新平台、黄河下游战略城市群。基于此地区优势及蓝迪（青岛）服务宗旨，蓝迪国际智库将与海尔集团携手，围绕智能制造、工业互联网、数字医疗等重大议题展开项目合作。

基于海尔智家、海尔卡奥斯在智能制造、工业互联网等方面的技术优势及盈康一生旗下海尔生物、盈康生命、海尔医疗、海尔国际细胞库等业务在数字医疗、智慧医疗、生物安全方面的技术创新，蓝迪国际智库与海尔集团已进行了深入探讨，未来将在开展智库研究、国际峰会对接、行业标准规范等一系列领域进行深入合作，共同推动健康中国建设，助力提升人民群众生活质量和生命质量，为经济与社会发展贡献智库力量。

六 科大讯飞股份有限公司

科大讯飞股份有限公司（以下简称"科大讯飞"）成立于1999年，是亚太地区知名的智能语音和人工智能上市企业。自成立以来，科大讯飞长期从事语音及语言、自然语言理解、机器学习推理及自主学习等核心技术研究并保持了国际前沿技术水平；积极推动人工智能产品研发和行业应用落地，致力让机器"能听会说，能理解会思考"，用人工智能建设美好世界。2008年，公司在深圳证券交易所挂牌上市。

科大讯飞核心技术研究保持了国际前沿技术水平。作为技术创新型企业，科大讯飞坚持源头核心技术创新，多次在机器翻译、自然语言理解、图像识别、图像理解、知识图谱、知识发现、机器推理等各项国际评测中取得佳绩。截至2021年7月31日，科大讯飞已开发437项平台能力，聚集超过227万名开发者团队，总应用数超过119万，累计覆盖终端设备数超过32亿台，AI大学堂学员总量达到55.3万人，连接超过330万个生态伙伴，以科大讯飞为中心的人工智能产业生态持续构建。公司两次荣获"国家科技进步奖"及中国信息产业自主创新荣誉"信息产业重大技术发明奖"，被任命为中文语音交互技术标准工作组组长单位，牵头制定中文语音技术标准。

蓝迪国际智库一行调研科大讯飞

科大讯飞坚持"平台+赛道"的发展战略。基于拥有自主知识产权的核心技术，2010 年，科大讯飞在业界发布以智能语音和人机交互为核心的人工智能开放平台——讯飞开放平台，为开发者提供一站式人工智能解决方案。以此为基础，近年来科大讯飞人工智能应用成效不断积累，并且随着不断学习实际应用场景的数据驱动+专家知识经验，人工智能算法持续迭代进步，落地应用规模持续扩大，公司在关键赛道上"领先一步到领先一路"的格局持续得以强化。

　　蓝迪国际智库是科大讯飞重要的合作伙伴，曾在行业峰会、项目对接会等众多场景中向国际社会、地方政府等多次推介科大讯飞的技术及系列产品，力求向全世界展示高水平的人工智能应用。2021年7月，受余姚市委市政府邀请，蓝迪国际智库在余姚市承办第七届机器人峰会，并在峰会中组织举办了"蓝迪国际智库机器人企业专场对接会"。科大讯飞积极参与人机共融智能机器人操作系统论坛、工业机器人产业发展论坛、人工智能机器人技术与新工科人才培养论坛等主题论坛。科大讯飞执行总裁胡郁在会议上发表了《人工智能及机器人最新进展及展望》的主题演讲，结合余姚现有机器人产业，就如何利用人工智能技术带动产业升级、如何实现余姚数字化改革目标、如何借助科大讯飞人工智能核心技术贯彻余姚市提出的"以数字赋能业务场景，以数字贯穿场景应用方案"等问题提出了宝贵意见。2021年12月2日，"BEYOND国际科技创新博览会"于澳门举行。蓝迪国际智库作为此次会议的战略合作伙伴，邀请平台企业科大讯飞作为大会独家语音转写技术支持合作伙伴，"讯飞听见"同传为大会全程提供实时语音转写及翻译上屏服务，总计服务21场次。全球化以科技创新为主导，而全球化将逐渐向东方转移，BEYOND寓意超越，既意味着超越传统，也意味着超越科技。"讯飞听见"也在不断地超越边界，为全球交流无障碍、构建人类命运共同体贡献力量。

　　未来，在大移动互联红利到期、万物互联红利开启的时代背景下，蓝迪国际智库将与科大讯飞联手，共同聚焦人工智能对企业与地方数字化转型的研究，推动科大讯飞产品与服务在消费者、智慧教育、智慧城市、智慧司法、智能服务、智能汽车、智慧医疗、运营商等领域的深度应用，充分发挥人工智能在数字经济时代从为产品赋能、为企业转型升级赋能发展到为地方政府实现数字化赋能，让人工智能充分肩负使命担当，为民生服务和我国强国建设贡献科技力量。

七　宁德时代新能源科技股份有限公司

宁德时代新能源科技股份有限公司（以下简称"宁德时代"）成立于 2011 年，是全球领先的新能源创新科技公司。宁德时代专注于新能源汽车动力电池系统、储能系统的研发、生产和销售，致力于为全球新能源应用提供一流解决方案，其核心技术主要在动力和储能电池领域，包括材料、电芯、电池系统、电池回收二次利用等全产业链的研发及制造。

宁德时代是国内率先具备国际竞争力的动力电池制造商之一，自 2017 年开始便稳坐全球动力电池第一宝座，其动力电池使用量连续四年排名全球第一，也成为国内率先进入国际顶尖车企供应链的锂离子动力电池制造商，拥有全球最广泛的整车厂合作伙伴，同时带动了中国原材料公司占据全球一半以上的市场份额。2017 年，宁德时代动力锂电池出货量在全球范围内遥遥领先。2018 年 6 月，公司于深圳证券交易所上市（股票代码：300750）。2021 年 7 月，宁德时代正式推出钠离子电池，在新能源领域不断实现技术突破与创新，并于同月荣登"中国上市公司万亿市值俱乐部"。

作为新能源电池行业的代表企业，宁德时代重视研发投入，公司累计研发投入超过 140 亿元。研发人员超过 7800 名，研发范围涵盖材料研发、产品研发、工程设计、测试分析、智能制造、信息系统、项目管理等各个领域。公司拥有电化学储能技术国家工程研究中心、福建省锂离子电池企业重点实验室、中国合格评定国家认可委员会（CNAS）认证的测试验证中心，设立了博士后科研工作站、福建省院士专家工作站、联合实验室、创新中心、未来能源研究院等，成立了面向新能源前沿技术研发的宁德时代 21C 创新实验室。宁德时代在坚持自主研发的同时，也积极与国内外知名企业、高校和科研院所建立深度合作关系，主导和参与制定或修订超过 50 项国内外标准。

宁德时代对产业链进行了深度整合，其对产业链公司的号召力较为强大。2021 年，蓝迪国际智库与宁德时代建立了良好联络，并在多次会议场合针对各自优势及所拥有的资源状况进行了深入细致的探讨。双方秉持平等合作的原则，全面介绍了各自的基本情况和优势资源，并进一步探讨了在巴基斯坦建储能电站项目的可能性以及双方在未来开展战略合作的重点内容。宁德时代明确其发展目标是用先进电池和风光水等可再生能源的高效电力系统，替代以传统化石能源为主的固定和移动能源系统，并以电动化+智能化为核心，实现市场应用的集成创新。

未来，蓝迪将发挥应用型智库的优势，与宁德时代在国家新能源产业顶层设计、课题研究及对外开放等领域持续交流，为宁德时代的发展提供智力支持，助力宁德时代持续在材料体系、系统结构、极限制造以及商业模式四重维度取得突破创新，由此加快其国际国内业务布局，巩固其品牌市场优势。

八　远景科技集团

远景科技集团（Envision Group）（以下简称"远景"）是一家全球领先的绿色科技企业。以"为人类的可持续未来解决挑战"为使命，集团旗下拥有智能风电和智慧储能系统技术公司远景能源、智能电池企业远景动力、开发全球领先智能物联操作系统的远景智能，管理远景—红杉百亿碳中和基金的远景资本，以及远景电动方程式车队。远景持续推动风电和储能成为"新煤炭"、电池和氢燃料成为"新石油"、智能物联网成为"新电网"、零碳产业园成为"新基建"，同时培育绿色"新工业"体系，开创美好零碳世界。

2019 年，远景荣登全球权威的《麻省理工科技评论》"2019年全球 50 家最聪明公司"榜单前十；设立于中国、美国、德国、丹麦、新加坡、日本等国家的研发中心，引领全球绿色科技创新与最佳实践。2021 年，远景荣登《财富》杂志"改变世界的公司"全球榜单第二位。远景加入全球"RE100"倡议，成为中国内地首个承诺 2025 年实现 100% 绿色电力消费的企业。2021 年 4 月 22 日，远景宣布将于 2022 年底实现运营碳中和，2028 年底实现供应链碳中和。

远景相信，人类社会可再生能源转型将带来构建新工业体系的重大机遇。远景创建零碳产业园成为"新基建"，在内蒙古打造全球首个零碳产业园并把最佳实践制定为全球标准，通过远景—红杉碳中和科技基金培育"新工业"，致力于推动绿色工业革命。

自 2015 年远景集团入选蓝迪国际智库平台企业以来，其长期致力于能源行业的转型和变革，通过技术创新推动风电和储能成为"新煤炭"、电池和氢燃料成为"新石油"、智能物联网成为"新电网"，构建能源转型整体解决方案。

未来，蓝迪国际智库将参与各地区的绿色能源与低碳环保项目建设并积极推介远景，蓝迪和远景将以全球绿色能源转型为己任，围绕国家"碳达峰碳中和"的重大决策，积极贯彻落实新发展理念，在零碳、新能源开发利用储能、氢能以及能源数字转型和国际化等领域进行全面合作，推动可再生能源转型，引领构建绿色创新生态与零碳工业体系。

九　江苏恒瑞医药股份有限公司

江苏恒瑞医药股份有限公司（以下简称"恒瑞医药"）成立于1970年，是一家从事创新和高品质药品研制及推广的民族制药企业，目前已发展成为国内知名的抗肿瘤药、手术用药和影像介入产品的供应商。在美国《制药经理人》杂志公布的2021年全球制药企业50强榜单中，恒瑞医药连续3年上榜，排名逐年攀升至第38；公司连续多年入选中国医药工业百强企业，2021年居中国医药研发产品线最佳工业企业榜首；7月，2021年《财富》中国500强排行榜发布，恒瑞医药排第373位。

50余年来，恒瑞医药始终植根中国、面向世界，专注健康事业，聚焦前沿领域，攻坚克难推进医药产业高质量发展。公司将科技创新作为第一发展战略，近年来研发投入占营业收入比例达到17%左右，2021年前三季度累计投入研发资金41.42亿元，占营业收入的比重达到20.5%。公司在美国、欧洲、澳大利亚、日本和中国多地建有研发中心或分支机构，打造了一支 4500 多人的规模化、专业化、能力全面的创新药研发团队。近年来，公司先后承担了国家重大专项课题 57 项，已有 10 种创新药获批上市，50 多种创新药正在临床开发。截至 2021 年底，公司累计申请国内发明专利 1321 项，拥有国内有效授权发明专利 360 项、欧美日等国外授权专利 478 项。

国际化也是恒瑞医药的重要发展战略。公司建立了符合美国、欧盟和日本标准的生产、质控体系，通过全球协作，已实现注射剂、口服制剂和吸入性麻醉剂等多个制剂产品在欧美日规模化上市销售。创新药国际化稳步推进，公司在美国、欧洲等地建立了 130 多人的海外研发团队，主要成员均拥有丰富的全球化研发经验，现有 20 多个创新药项目获准开展全球多中心或地区性临床研究，未来有望实现民族创新药走向世界。

2021 年，恒瑞医药在全球制药企业 50 强榜单中排第 38 位；连续 3 年蝉联中国化药企业 100 强排行榜榜首；在中国医药工业百强企业中排名第四；荣获"中国医药研发产品线工业企业"第一名、"2021 最具研发实力创新企业标杆奖"；居"中国 BigPharma 企业创新力 TOP100"排行榜第一名。

2016 年 3 月 12 日，恒瑞医药在"首届中国医药创新最具影响力品牌"颁奖典礼上荣获"最具临床替代价值的仿制药"奖项。蓝迪国际智库在此次颁奖典礼上"挖掘"了这家优秀药企，持续跟进企业发展动态，并于 2019 年 11 月 20~22 日与恒瑞医药共同出席第二届"创新经济论坛"，共商企业如何在第四次工业革命中保持持续创新发展以及如何发挥企业在促进经济发展、服务国家战略和塑造世界格局中的主体作用等重要问题。未来，蓝迪国际智库将整合智库资源，秉承创新理念，以"为民众创造健康生活"为目标，与恒瑞医药共同致力于药物创新，努力开拓国际市场，力争把企业打造成为中国的专利制药企业。

十　深圳华大基因股份有限公司

深圳华大基因股份有限公司（以下简称"华大基因"）成立于 1999 年，是全球领先的基因组学研发机构。秉承"基因科技造福人类"的使命，怀抱"健康美丽，做生命时代的引领者"的愿景，华大基因以产学研一体化的发展模式引领基因组学的创新发展，通过遍布全球 100 多个国家和地区的分支机构与产业链各方建立广泛的合作，将前沿的多组学科研成果应用于医学健康、农业育种、资源保存、司法服务等领域，坚持走"自我实践、民生切入、科研拓展、产业放大、人才成长"的新型发展道路，做到五环联动、循序渐进，切实推动基因科技成果转化，实现基因科技造福人类。2020 年 3 月 18 日，华大基因以 330 亿元市值位列"2020 胡润中国百强大健康民营企业"第 41。公司 2021 年实现营业收入约 67.01 亿元。

华大基因自 1999 年成立以来，坚持"以任务带学科、带产业、带人才"，先后完成了国际人类基因组计划"中国部分"（1%，承担其中绝大部分工作）、国际人类单体型图计划（10%）、第一个亚洲人基因组图谱（"炎黄一号"）、水稻基因组计划等多项具有国际先进水平的基因组研究工作，彰显了其世界领先的测序能力和生物信息分析能力，也奠定了中国在基因组学研究领域中的国际领先地位。同时，华大基因在全球范围内与众多学术机构和研发企业建立了广泛的合作关系，致力于在人类健康服务事业和科技应用领域持续发展。

　　华大基因已经形成了科学、技术、产业相互促进的发展模式，拥有一支世界一流水平的产学研队伍，建立了核酸测序平台、蛋白质谱平台、细胞学平台、动物克隆平台、微生物平台、动物平台、海洋生物平台、信息技术平台，并作为核心单位参与国家基因库的构建，成立了生育健康中心和临床及医学健康中心，进一步促进基因组学研究成果向人类健康服务、环境应用、生物育种等方面的应用转化。华大基因凭借技术优势与"火眼"渠道布局，进一步巩固现有市场地位，在大群体大队列基因组研究及应用、"火眼"实验室应用转化、国际业务方面取得重要突破。

蓝迪国际智库一行调研华大基因

华大基因是蓝迪平台的元老企业。我们见证了华大基因的发展壮大。在未来的发展中，蓝迪国际智库将与华大基因大力开展项目合作，共同推进多学科结合的新型生物科研体系建设，为全球的科研工作者提供创新型生物研究的科技服务，推动基因组学研究在相关领域的发展，真正做到科技惠民，为我国生物经济产业的战略发展奠定基础。

第九章 "专精特新"企业

我国产业门类齐全，但在产业链关键环节缺乏一批创新能力较强、具备国际竞争力的自主品牌领军企业，如芯片的生产制造。在这样的背景下，培育一批细分企业，补足产业链高端环节，拉动价值链向中高端攀升，是产业发展的必然选择。中美贸易争端、疫情延绵不断，加之新一轮全球产业格局渐趋形成，中小企业面临前所未有的生存压力。从国家层面看，明确提出发展意见与扶持办法，可以引导中小企业在持续经营的同时，有机会走上"专精特新"道路，进而实现企业转型升级。与发达国家相比，我国各行业集中度总体偏低，呈现小而散的状态，中小企业的发展能级亟待增强。扶持发展一批"专精特新"的中小企业，有利于其与大企业协调发展，形成更良好的产业生态。当下，我国各行业龙头企业竞争格局基本已定，未来的趋势和机会只可能集中在一些高成长性的细分领域。"专精特新"的提出，就是挖掘中小企业在市场竞争中的相对优势，再通过针对性的政策扶持，把企业打造成细分领域的"隐形冠军"、中小企业中的"小巨人"。

"专精特新"中小企业具备专业化、精细化、特色化、新颖化优势。这些企业虽然规模不大，但拥有各自的"独门绝技"。它们瞄准"缝隙市场"，在细分领域可建立竞争优势，在产业链上具备一定的话语权，能有效连接产业链的"断点"、疏通"堵点"。

蓝迪国际智库注重企业的创新发展，一直以来积极培育"专精特新"企业。本章我们分享平台中 10 家"专精特新"企业优秀案例，展示蓝迪如何通过"挖掘、培育、推介"对企业发展进行精准赋能。未来，我们将继续致力于提升企业技术创新能力、市场竞争力和品牌影响力，持续专注于细分产品市场的创新、产品质量提升和品牌培育，助力企业巩固和提升其全球市场地位，发展壮大成为单项冠军企业。

一　舜宇光学科技（集团）有限公司

舜宇光学科技（集团）有限公司（以下简称"舜宇集团"）创立于 1984 年，是全球领先的综合光学零件及产品制造商。公司于 2007 年 6 月在香港联交所主板上市（股票代码：2382.HK），是首家在香港上市的国内光学企业，2017 年成功入选恒生指数成分股，2020 年首次被纳入"恒生中国企业指数"。公司坚定不移地实施"名配角"战略，始终聚焦光学产品领域，致力于打造驰誉全球的光电企业。

舜宇集团专业从事光学及光电相关产品设计、研发、生产及销售，主要产品包括光学零组件、光电产品及光学仪器。公司拥有国家级企业技术中心和博士后工作站，是全球领先的将光、机、电、算技术综合应用于产品开发和大规模生产的光学企业，在特种镀膜技术、自由曲面技术、连续光学变焦技术、超精密模具技术、硫系玻璃材料开发应用技术、嵌入式软件技术、3D 扫描成像技术、三维超精密振动测量技术、新型封装技术等核心光电技术的研究和应用上处于行业先进水平。

舜宇集团现已与相关业务板块的全球知名客户达成稳定、紧密、长期的战略合作关系。其中车载镜头的市场占有率连续多年居全球首位，手机镜头、手机摄像模组市场占有率位居全球第一。

蓝迪国际智库一行调研舜宇集团
时任余姚市委书记奚明（左一）、舜宇集团董事长叶辽阳（右一）陪同调研

近几年，蓝迪国际智库与舜宇集团开展了深入交流合作。2020 年 6 月初，蓝迪国际智库专家专程赴余姚市调研实体经济发展和创新平台建设情况，并细致考察了舜宇集团的经营情况。调研期间，蓝迪国际智库同舜宇集团负责人进行了详细交谈，仔细询问其生产经营现状、创新研发力量和市场开拓情况。蓝迪国际智库充分认可正全力进军智能制造领域的舜宇集团的实力，并与相关负责人就智慧医疗和智能制造领域未来的发展进行了深入的交流。据了解，舜宇集团已在智慧医疗领域填补了多项国内技术空白，打破了国际技术壁垒，相关产品也得到了各大医疗机构和权威的认可。通过此次考察，蓝迪国际智库更加了解企业战略规划，也将更好地为企业发展出谋划策。

余姚市是浙江省首批"工业强市"，拥有以"新装备、新能源、新材料、电子信息与节能等战略性新兴产业"为支撑的工业发展体系，具备发展智能制造产业的良好基础。蓝迪国际智库热切关注中国智能制造产业发展，于2021年7月在浙江余姚承办了第七届中国机器人峰会暨智能经济人才峰会，并且将浙江余姚列为中国机器人峰会的永久举办地。蓝迪国际智库在未来将携手舜宇集团这一余姚市代表企业，共同聚焦智能制造、智慧医疗等新兴产业的发展建设，为企业不断在提高核心竞争力及细分领域的话语权方面提供助力，持续关注企业在建设产业新基地、深化国际化布局、推进智能平台化建设和业务数字化转型等领域的进程，帮助企业积极对接蓝迪平台资源，为企业实现从光学产品制造商向智能光学系统方案解决商转变、从仪器产品制造商向系统方案集成商转变两大战略目标贡献智慧和力量。

二　斯微（上海）生物科技股份有限公司

斯微（上海）生物科技股份有限公司（以下简称"斯微生

物"）成立于 2016 年 5 月，是国内首家开展 mRNA 药物研发和最早开展 mRNA 肿瘤精准疫苗人体临床试验的创新型龙头企业。依托自主知识产权的 mRNA 脂质多聚体纳米递送技术平台（LPP/mRNA）和 mRNA 药物研发经验，斯微生物成功搭建了 mRNA 药物从设计、合成、制剂、质控到产业化的全链条技术平台，其制剂技术和工业化水平居国内第一，达到或超越国际领先水平。

斯微生物在生物医药产业进行了全面布局，包括人用预防性疫苗、肿瘤疫苗、抗体药物、动物保健、基因治疗以及医学美容等领域。公司以传染病疫苗和癌症免疫治疗为切入点，大力开发 mRNA 药物在不同治疗领域的应用，现有研发产品管线主要包括传染性疾病预防用疫苗，如新冠疫苗、狂犬病疫苗、带状疱疹疫苗、呼吸道合胞病毒疫苗、流感疫苗、生殖器疱疹病毒疫苗、中东呼吸综合征冠状病毒（MERS-CoV）疫苗、寨卡疫苗、耐药结核病疫苗等；肿瘤疫苗包括肿瘤新生抗原个性化肿瘤疫苗、瘤内注射疫苗、KRAS 和 AML 肿瘤疫苗等。公司在国内 mRNA 技术产品管线方面位居第一。

斯微生物研发的 mRNA 新冠疫苗作为国务院联防联控机制科研攻关组疫苗研发专班布局的 5 条线路之一，已经开展临床研究。斯微生物利用自主知识产权的超流控产业化制剂技术及冻干技术，突破了 mRNA 新冠疫苗的产业化瓶颈，实现了产品的长期稳定性，解决了产品保存和运输的便捷性，方便了产品的广泛使用性。公司目前正在加紧建设 mRNA 新冠疫苗产业化车间，可实现年产能 3 亿~5 亿支，届时将是亚洲最大、国际领先的 mRNA 新冠疫苗生产基地。公司自主研发的 mRNA 新冠疫苗将有望成为国家抗击新冠病毒流行和遏制病毒快速变异的重要品种。

斯微生物现有员工 100 多人，海内外博士多达 30 余人，核心团队具有丰富的 mRNA 技术经验。公司高度重视 mRNA 领域的专利布局，致力于打造欧美主流的脂质纳米颗粒（LNP）之外的创新性 mRNA 递送平台技术；围绕 mRNA 合成、制剂成分及检测方法等申请并获得国际和国内专利多达 20 余项，成功突破了欧美的技术壁垒和专利封锁。全合成 mRNA 恶性肿瘤治疗性疫苗、mRNA 新冠疫苗等项目获得了科技部和上海市科委的多项重点研发计划的支持。

蓝迪国际智库一行调研斯微生物

为助力斯微生物的高质量发展，蓝迪国际智库一行于 2021 年 7 月 3 日对斯微生物展开实地调研，并与其开展专题座谈会，围绕"生物技术企业到生物制药企业的转型和发展""在中亚、南亚和南美等海外市场开展临床实验和扩大国际市场""引进和培训 mRNA 相关的产业人才""争取上海市在药监、土地资源、税收等领域的全面支持"等议题，形成实质性的会议结果，并推动双方的深度合作。

　　针对斯微生物 mRNA 疫苗需要在国外展开 Ⅱ／Ⅲ 期的临床试验的需求，我们积极帮助其对接巴基斯坦卫生部相关部门及其顶级的 CRO 公司，助力其顺利开展 mRNA 疫苗在巴基斯坦的临床试验，并积极跟进试验动态与结果。

　　未来，双方将保持紧密合作，助力斯微生物成为"为疾病预防和临床治疗带来革命性改变的生物医药企业"，引领国内 mRNA 发展，使其具有国际竞争力，为中国老百姓带来更多更好的 mRNA 创新型疫苗和药物，共同为中国人民乃至全世界人民的健康事业作出卓越贡献。

三　今迪森基因技术公司

　　今迪森基因技术公司（以下简称"今迪森"）由世界首个基因治疗肿瘤药物发明人、产业化创始人彭朝晖博士及其团队和蓝迪国际智库发起设立，其目标是为千千万万癌症病人提供安全、有效、平价的基因治疗肿瘤药物，成为中国及国际肿瘤基因治疗领域的领军企业；通过肿瘤基因治疗、预防及消灭肿瘤微小残留病的药物研发和产业化，为人类的健康事业作出贡献。

　　根据相关分析，预计到 2025 年，全球基因治疗市场规模将达到 305.4 亿美元，中国市场规模将达到 178.9 亿元。2020～2025 年，中国市场的年均复合增长率将达到 276%。根据统计，肿瘤的基因治疗占全部基因治疗临床研究总数的 65% 左右。[①] 基因治疗肿瘤必将成为主流抗癌手段之一，业界对此已形成共识。今迪森发明了世界首个

---

① 弗若斯特沙利文咨询（中国）：《中国细胞与基因治疗产业发展白皮书》，2021 年 6 月，https：//max.book118.com/html/2021/0629/7035030166003136.shtm。

基因治疗药物——"重组人 p53 腺病毒注射液©",于 2003 年获得国家食品药品监督管理总局新药证书,2004 年投放市场,用于治疗恶性肿瘤。该药在临床试验和应用 17 年,治疗了国内外 3 万余名肿瘤患者,结果证明:(1)安全、有效、广谱;(2)作用机制明确;(3)与肿瘤常规疗法联合使用具有明显协同效应;(4)拮抗放化疗副反应,提高患者的生活质量。今迪森拥有该基因治疗药物的全套发明专利,涉及产品、生产工艺、工程细胞、质控标准及技术。今迪森现正在申请新发明专利一项,用于清除微小残留病(MRD)及预防肿瘤复发,其创新性和临床实用性强、市场价值巨大。

蓝迪国际智库(珠海)执行主任陈璐在"基因治疗创新技术研讨会"上
介绍今迪森项目

蓝迪国际智库认为基因治疗产业或将成为抗体药物之后未来生物医药产业的重点发展方向,"挖掘"了今迪森的 p53 基因治疗创新技术,并开展了一系列的"培育、推介"工作:一是辅导完成企业商业计划书，为企业融资做好顶层设计；二是对接珠海国家高新技术产业开发区、珠海国际健康港、粤澳深合区中医药科技产业园，为企业开展药品 GMP 生产条件建设进行深度调研，通过对比分析落地政策，明确下一步生产厂房及研发实验室选址；三是为企业链接珠澳政府、珠海本地投资机构、蓝迪平台企业、大型基金，开展多次融资路演，助力企业发展；四是 2021 年 12 月 26 日组织召开"基因治疗创新技术研讨会"，评估总结今迪森自主研发的肿瘤基因治疗产品创新技术，加快推动我国基因治疗产业实现新突破，加快该项创新技术的成果转化与落地，为全国甚至全球广大肿瘤患者带来更多福音。

未来，蓝迪将整合政商学三界优质资源，在产品上市构架和发展战略顶层设计、政府事务和公关、中国和国际业务及市场发展等方面助力今迪森实现高质量发展，助力国家加快推进基因治疗产业创新，构建产业生态体系。

四　北京万泰生物药业股份有限公司

北京万泰生物药业股份有限公司（以下简称"万泰生物"）成立于1991年，是从事生物诊断试剂与疫苗研发及生产的新技术企业。公司以"为人类的健康事业做出贡献"为追求，致力于将生物技术成果转化为优质产品服务于社会大众。

公司下设 7 家子公司，产品涵盖酶免、胶体金、化学发光、核酸检测、生化、疫苗以及质控品等多个领域。

万泰生物十分注重科研队伍及研发平台建设。已拥有数百名不同专业技术人才和酶免、化学发光、快诊、核酸诊断、病毒分离及规模化培养、基因工程、单抗及多抗制备以及大规模纯化等技术平台。公司凭借雄厚的技术实力及敏锐快速的市场反应能力，在国家历次重大传染病暴发时，如 SARS、H5N1 型禽流感、甲型流感、EV71 型手足口病等，满足临床及疾病监控需求。

万泰生物承担了国家 863 计划、九五攻关、十五攻关、十一五科技支撑计划、十一五及十二五重大传染病科技专项计划及教育部、省（市）重点攻关等多个科研项目，促进科研成果快速转化，并实现其产业化；2008 年获国家发改委"国家高技术产业化十年成就奖"。

公司非常重视与科研院所的合作及学术交流，与厦门大学保持着长期稳定的合作关系。2005 年经科技部批准，与厦门大学共同组建了国家传染病诊断试剂与疫苗工程技术研究中心（National Institute of Diagnostics and Vaccine Development in Infectious Diseases，NIDVD）。中心在产品研发与产业化之间架起了不可或缺的桥梁，成为有效承接全国乃至国际上相关研发成果的产业孵化器，加快了诊断试剂及疫苗研发产品走向市场的速度，缩短了产品转化周期，使社会效益和经济效益得以提升，使中国传染病诊断试剂与疫苗产业有了长足进步。

万泰生物产品销往美国、英国、德国、法国、西班牙、马来西亚、荷兰、印度尼西亚、伊朗、印度、巴西、菲律宾、泰国、捷克、苏丹、埃及、秘鲁等 30 多个国家，优越的产品性能获得国外客户的广泛好评。

2021 年 10 月 29 日，蓝迪国际智库一行调研万泰生物包括新冠疫苗生产基地在内的研究机构，对其科研能力、产业化水平、

蓝迪国际智库一行调研万泰生物

技术储备、市场能力、发展问题做了全方位深入了解，认为万泰生物的疫苗技术极具先进性。在了解万泰生物当前的发展布局后，蓝迪国际智库积极为其对接斯里兰卡卫生部相关部门及其知名 CRO 公司，助力其在斯里兰卡开展 STKF 疫苗的 Ⅱ／Ⅲ 期临床试验。

　　未来，双方将在发展战略、公共卫生服务、国际市场开拓、创新医药成果转化等领域展开全面深入的战略合作。

五　上海复星医药（集团）股份有限公司

上海复星医药（集团）股份有限公司（以下简称"复星医药"）成立于 1994 年，是中国领先、创新驱动的国际化医药健康产业集团，业务领域策略性布局医药健康产业链，直接运营的业务包括制药、医疗器械与医学诊断、医疗健康服务，并通过参股国药控股将业务范围涵盖到医药商业领域。公司坚持"4IN"（创新 Innovation、国际化 Internationalization、整合 Integration、智能化 Intelligentization）发展战略。2021 年上半年，复星医药坚持践行"4IN"战略，整体业绩稳健增长。报告期内，集团实现营业收入 169.52 亿元，同比增长 20.85%；其中，国际化运营能力进一步提升，境外收入占比达到 30.66%。

复星医药以制药业务为核心，坚持创新研发，通过自主研发、合作开发、许可引进、深度孵化的方式，围绕肿瘤及免疫调节、四高（高血压、高血脂、高血糖、高尿酸症）及并发症、中枢神经系统等重点疾病领域搭建和形成小分子创新药、抗体药物、细胞治疗技术平台，并积极探索靶向蛋白降解、RNA、溶瘤病毒、基因治疗等前沿技术领域，提升创新能力。

复星医药持续以创新和国际化为导向，加大研发投入，通过自主研发、合作开发、许可引进、深度孵化等多元、多层次的合作模式，加快新药开发及临床能力建设，对接全球优秀科学家团队、领先技术及高价值产品，并依托全球研发中心对创新研发项目的统筹管理，推动创新技术和产品的研发和转化落地。

复星医药积极参加由蓝迪国际智库于 2021 年 12 月参与主办的首届"BEYOND 国际科技创新博览会"。蓝迪团队在会上挖掘了该优秀企业，并将其纳入蓝迪平台生物医药产业赛道企业项目库。未来，双方将加强交流与合作对接。蓝迪国际智库将充分发挥其国际网络优势以及生物医药板块上下游产业链接能力，在发展战略、开拓国际市场以及医药合作研发等方面与复星医药展开深入合作，助力其成为全球主流医疗健康市场的一流企业。

六　丽珠医药集团股份有限公司

丽珠医药集团股份有限公司（以下简称"丽珠"）创建于1985年，注册资本为9.35亿元，是集医药研发、生产、销售于一体的综合医药集团公司，现有员工8000余人，A+H股上市公司。2021年度，公司营业收入120.6亿元，净利润17.8亿元，研发投入15.2亿元。丽珠在原料药、化学药、中药、生物药、体外诊断试剂等领域不断取得突破，产品分布在消化、心脑血管、生殖内分泌、精神/神经等领域。公司持续聚焦创新药主业及高壁垒复杂制剂，推出了亮丙瑞林和艾普拉唑等重磅产品，在消化和生殖领域实现放量增长。

丽珠组建了辐射全国的处方药营销网络，正在快速推进全球化销售平台建设。丽珠通过专业的学术推广、疗效确切的高质量产品，在医院、患者之间建立了良好的沟通渠道。

丽珠的发展离不开优秀人才的不断加入与持续高增长的研发投入，公司构建了全方位的科学家网络，持续在全球招募顶尖人才，研发团队拥有数百名博士及高端研发人员。未来，丽珠将继续专注生命健康领域，不断提升患者生命质量，持续肩负社会责任和使命担当，积极投身公益事业，加快公司向全球化迈进的步伐。

2021年12月3日，蓝迪国际智库专家在"BEYOND国际科技创新博览会"上挖掘了丽珠，在现场了解企业发展现状及战略目标等信息，并期待后续开展项目合作。未来，蓝迪国际智库将深入了解丽珠在粤澳深度合作区的发展布局，为企业的创新发展提供重要指导。

蓝迪国际智库一行参观丽珠"**BEYOND 国际科技创新博览会**"展位

七 健帆生物科技集团股份有限公司

健帆生物科技集团股份有限公司（以下简称"健帆生物"）创建于 1989 年，专业从事生物材料和高科技医疗器械的研发、生产及销售，是以血液净化产品为主营业务的 A 股创业板上市公司（股票代码：300529）。目前公司位居中国上市企业市值 500 强，并稳居我国医疗器械上市公司前列，获评 2017～2019 年度"金牛最具投资价值奖"及 2018～2020 年度"创业板上市公司 50 强"，2019 年荣获"最佳股东回报上市公司"及财经风云榜创业板"竞争力企业"，入榜"2020 胡润中国百强大健康民营企业"，企业纳税额超 3 亿元。

　　健帆生物曾获"国家科技进步二等奖"、"国家火炬计划重点高新技术企业"、"中国技术市场协会金桥奖"、工信部"第六批制造业单项冠军示范企业"等荣誉，是全国首批、广东省第二家通过医疗器械 GMP 检查的企业，入选国家产业振兴和技术改造项目、国家重大科技成果转化项目、广东省战略性新兴产业核心技术攻关项目及国家十二五科技支撑计划项目。2019 年，公司被评为"新中国成立 70 周年医药产业标杆企业"。公司产品已通过 CE 认证、ISO 国际质量管理体系认证，连续 10 年被评为广东省质量信用 A 类医疗器械生产企业，承担 2 项"国家重点新产品项目"和 3 项"国家级火炬计划项目"，获批组建广东省血液净化工程技术研究开发中心、省级企业技术中心、博士科研工作站、博士后科研工作站、院士工作站。公司拥有强大的研发、生产能力以及遍布全国的销售网络，主营产品 DNA 免疫吸附柱、血浆胆红素吸附器和树脂血液灌流器的市场占有率高。2019 年，健帆生物血液净化机及血液灌流机入选第五批优秀国产医疗设备产品名录。公司自主投资新建的血液净化科研生产基地（健帆科技园）已于 2015 年胜利竣工并顺利投产。近两年，公司在京津、广深、湖北等地新设市场、科研中心和生产基地，与现有的珠海健帆科技园生产基地一起形成华南、华中、华北的产业布局。

　　蓝迪国际智库在 2020 年挖掘了该优秀企业，并邀请其加入蓝迪平台，并在 2021 年《企业发展报告》中对该企业进行重点推介。健帆生物现已进入蓝迪平台生物医药产业赛道企业项目库。未来，蓝迪国际智库将发挥智库的平台优势，助力健帆生物打造独有的"产品—服务—金融—'+互联网'"多位一体的血液净化全价

蓝迪国际智库一行调研健帆生物

值链，推动其实现集团化、品牌化、多元化发展，将其打造成为世界一流的高科技医疗技术企业集团。

八 深圳蓝胖子机器智能有限公司

深圳蓝胖子机器智能有限公司（以下简称"蓝胖子机器人"）成立于2014年，是一家有着雄厚技术背景的智能无人仓储整体解决方案供应商，运用机器人视觉、运动规划、规划和推理、自主导航、多机协作、机器学习等技术，为物流、快递、电商仓储、海港、空港、先进制造等场景，提供包含分拣、运输、码垛、入库、装载等环节的软硬件相结合的一站式解决方案。

自 2015 年开启商业化运作以来，蓝胖子机器人一直坚持人才多元化、市场国际化战略。公司总部位于深圳，同时在广州、香港、澳大利亚布里斯班以及美国亚特兰大设有研发运营中心，现共有来自 10 余个国家的员工近 200 人，80% 为技术人员。

蓝胖子机器人拥有专利 289 件，发明专利占比超 67%；2019 年被世界经济论坛评选为全球"技术先锋"（仅 3 家中国企业入选）；2020 年被 CB Insights 评选为"全球 100 家最具发展潜力 AI 企业"（6 家中国企业入选）；2021 年 6 月入选英特尔第五期 AI 百佳创新激励计划；7 月获评 2021 首届国际碳中和 30 人论坛"碳中和科创先锋"；9 月入选"AUSTRIA 2021"奥地利全球企业孵化器（GIN），并在路演中夺得第一名；11 月入选毕马威"2021 粤港澳大湾区新经济先锋企业 50 强"榜单。

蓝胖子机器人的产品既包含软硬件一体的集成机器人和产品，涵盖上件机器人 DoraInductor、包裹分拣机器人 DoraSorter、拆码垛机器人 DoraDepalletizer/DoraPalletizer、装卸载机器人 DoraUnloader/DoraLoader、货物运输机器人 DoraAMR、复合型移动协作机器人 DoraMOMA、多指灵巧手 DoraHand 等；也包含纯软件的优化调度算法，涵盖智能装箱算法装满满 AI-CLP（AI-powered Container Loading Planner）、多机调度算法 RSS、场地设计算法、库位优化算法、路径规划算法等。

目前，蓝胖子机器人是全球唯一一家可以提供端到端一站式智能无人仓整体解决方案的供应商，已与国际物流巨头 DHL、知名跨国化工企业巴斯夫、全球某知名零售企业、中国电信天翼物联等多个国内外行业头部企业建立合作，落地多项应用案例。

因在技术、管理、资本运作等方面均远高于同业水平，蓝胖子机器人受到国内外众多知名机构的青睐。截至 2020 年 12 月 31 日，其已获得创新工场、UPS、云峰基金等多家机构的战略投资，目前正处于 B 轮融资阶段。

蓝迪国际智库与蓝胖子机器人代表

蓝迪国际智库非常看好蓝胖子机器人的技术优势以及其在智能物流市场的发展潜力，积极在会议、论坛上推介该企业。2019 年 12 月，蓝胖子机器人企业发言人兼公共关系总监张雪梅受邀参加由蓝迪国际智库主办的中哈共建"一带一路"国际高级研修班开班典礼并发表演讲，推介蓝胖子机器人智能物流解决方案。此外，我们还推荐了蓝胖子机器人参加 2020 年横琴科创大赛。2020 年 11 月，蓝迪国际智库邀请蓝胖子机器人参加第三届十字门金融周，在会上为企业链接优质的合作资源。

未来，蓝迪国际智库将为蓝胖子机器人链接优质合作资源，助力其在"双循环"战略大背景下，做好国内外业务布局，让 AI 与机器人技术更好服务社会、企业和个人，持续创造更大的价值。

九　深圳蓝韵实业有限公司

深圳蓝韵实业有限公司（以下简称"蓝韵实业"）是一家总部设在深圳的医疗设备行业高新技术企业；自 1994 年成立以来，立足"自主创新、自主品牌"的发展战略，不断在技术、营销、品牌等方面积极探索，迅速发展成为中国领先的高科技医疗设备研发制造厂商，主要从事体外诊断设备及试剂的研究、开发、生产和销售，为全球医疗机构提供质量与价格完美平衡的体外诊断产品。

蓝韵实业现有员工 1200 余人，产值及销售额逐年按 40% 的速度递增。蓝韵实业凭借前瞻的市场意识和综合实力，在 20 余年的发展历程中，在医学影像设备和医院信息化管理系统的技术和市场得到充足积淀后，又向体外诊断和血液净化设备以及呼吸麻醉领域迈进。目前，蓝韵实业产品涵盖生化、血球、化学发光、微生物、分子诊断、POCT 及试剂系列等，致力于提高医院精准医疗，提升检验科/临床科室工作效率，有效降低医疗成本，让更多人享受优质健康服务及关怀。

蓝韵实业成立了以深圳、广州为核心总部，在全国拥有 28 家分支机构的专业化公司，在新加坡、欧洲、美洲拥有海外机构，有超过 1500 家分销合作伙伴，打造了一个医疗行业的中国强势品牌，成长为国内知名的医疗器械制造商和服务商。

2021 年 5 月，蓝韵实业生化项目新增 5 个新产品，生化试剂注册证增加到 65 个，进一步丰富了生化项目品类，可满足用户更多临床使用需求。6 月，由国家卫生健康委员会委托中国医学装备协会主导的第七批优秀国产医疗设备遴选工作完成，中国医学装备协会发布了《关于第七批优秀国产医疗设备产品遴选结果公示的函》，在本次公示的全自动生化分析仪目录中，蓝韵实业参选的三款全自动生化分析仪：LW C480、LW C400、LW C200E 再度入选。10 月，蓝韵实业 Microbe LW MS-5000 全自动微生物质谱检测系统荣获被誉为中国工业设计界"奥斯卡"的"2021 中国设计智造大奖"银奖。

2019 年 1 月，蓝迪国际智库一行调研蓝韵实业，与公司高层共同探讨企业发展战略及业务布局等重要内容，会议取得丰硕成果。自 2020 年 1 月新冠肺炎呈现蔓延之势以来，蓝迪国际智库敏锐地察觉到此次疫情的严重性，充分利用其国际网络和平台资源优势，与国际医学界取得联系，进一步推进中外科学家的合作与交流，为此次疫情提供建议，进一步推动中国卫生事业与国际接轨，提高中国和全球应对公共卫生事件的能力。通过蓝迪国际智库多方接洽与沟通，1 月 29 日，中国人民的老朋友、"病毒猎手"伊恩·利普金（Walter Ian Lipkin）教授申请赴华共商遏制疫情对策，并开展了为期 7 天的调研工作。为进一步提高病毒检测能力，在蓝迪国际智库

蓝迪国际智库一行与蓝韵实业代表

组织推荐下，蓝韵实业与美国哥伦比亚大学公共卫生学院传染病中心 Lipkin 团队共同开展哥大探针捕获测序技术在中国落地项目，希望通过国家"一带一路"的大健康计划将产品推向全世界，为全世界的人民带来传染病预防、诊断、监测和治疗的福音。

　　未来，蓝迪国际智库将帮助蓝韵实业加强与国际先进医疗技术接轨的能力，加强核心技术平台的建设，不断研制出一系列自主创新产品，解决 IVD 精准诊断领域的难题和提高患者的生命健康质量，助力其成为体外诊断领域国际知名创新技术驱动的企业。

十　智昌科技集团股份有限公司

智昌科技集团股份有限公司（以下简称"智昌集团"）成立

于 2016 年，作为国内新兴产业智联解决方案提供商之一，业务包括泛在机器人智能终端、工厂智联网络、产业链群智服务平台三大核心板块。公司投入大量资金进行研发，汇聚了 126 名博硕专家，拥有 258 项知识产权，其中 2020 年新增知识产权 70 多项。智昌集团主要从事泛在机器人销售、智能工厂智联网络建设、离散及流程工业群智平台服务以及自主无人操作系统软件开发及销售业务，下游应用领域涵盖汽车零部件、家具制造、纺织缝纫、冶金工业等领域，客户包括江苏兴达集团、福田实业集团、郑煤机集团、南方有色集团、中集集团、江丰电子、宁波更大集团等行业龙头；牵头研发的锐智控制器已经成功为日本最大的机器人公司之一川崎供货。

智昌集团的"工业机器人控制器产品性能优化及智能升级"项目入选国家 2017 年度重点研发计划"智能机器人"重点专项，其"工业机器人智能控制器开发与产业化创业团队"荣获 2018 年度"浙江省领军型创业团队"荣誉称号；其智能工厂智能引擎成功申报宁波市"科技创新 2025"重大专项等。

此外，智昌集团还与宁波中大力德智能传动股份有限公司强强联合，打造了合资公司浙江传习机器人有限公司，这是一家围绕本地产业链打造的机器人整机公司，推出的产品由传习机器人完成产品设计及制造，采用智昌集团的控制器、示教器、驱动器，中大力德的减速机、电机，中科伺尔沃的电机，舜宇集团的 3D 视觉产品，真正实现了"全甬产"，产品性能达到国内先进水平，可广泛应用于冶金、焊接、切割、搬运、喷漆、装配等"机器换人"场景。智昌集团的代表产品有：（1）AE-Net OS 产业群智大脑操作系统，以工艺流实时感控为基础，以虚拟工艺流及优化引擎、感知控制引擎和 APS 调度引擎为核心，是应用于网络化产业运行的智联优化操作系统；（2）"锐智"控制器，基于先进的前馈控制实现了运动流、质量流和信息流的融合；（3）灵智 7 轴双臂单臂机器人，同时集成了视觉、力传感器等多种传感器，形成了实时闭环系统，能够实现以手代臂的智能路径规划。

2021 年 7 月 14~16 日，由蓝迪国际智库参与承办的第七届中国机器人峰会暨智能经济人才峰会在余姚召开，复旦大学智能机器人研究院院长、智昌集团董事长甘中学受邀出席此次峰会。在本次峰会上，智昌集团发布了 AE-Net OS 产业群智大脑操作系统，以及与多家宁波本地企业合作的"全甬产"机器人新品。其中，AE-Net OS 产业群智大脑操作系统可以让企业不断实时迭代进化，不断创造新增值，将产业链升级为巨型泛在机器人，形成窥一斑而知全豹、牵一发而动全身的知行合一系统。

在第七届中国机器人峰会的基础上，蓝迪国际智库与中国信通院华东分院共同形成了《关于我国机器人产业发展的建议》报告，该报告由四部分主体内容和三个附件组成：一是"机器人产业概述"，主要从机器人产业定义和分类、机器人产业链和国内外发展现状等角度简要介绍机器人产业；二是"余姚市机器人产业发展环境"，阐述了余姚市机器人产业发展的政策支撑、经济基础、平台资源和技术优势；三是"余姚市机器人产业发展现状"，从发展规模、产业结构、空间分布等方面介绍余姚市机器人产业发展情况；四是"余姚市机器人产业发展趋势及建议"，结合余姚市机器人产业发展情况，分析未来发展趋势，为加速余姚机器人产业发展提出建议。其中，智昌集团作为工业机器人的代表性企业被重点介绍。该报告获得了中央领导的高度重视和批示。

工信部装备一司有关领导与蓝迪国际智库代表共同调研智昌集团

2021年10月10~12日，根据中央批示精神，工信部装备一司对智昌集团、宁波伟立机器人科技股份有限公司进行实地考察调研，深入了解相关企业的发展现状及发展需求，并在宁波市经信局、余姚市政府领导、余姚市经信局、余姚市科技局、余姚经济开发区的支持和组织下，围绕"机器人产业发展和推广应用"召开座谈会，浙江大学机器人研究院、宁波市智能制造产业研究院、舜宇智能科技、宁波博创尔必地、勃肯特余姚机器人、宁波飞图、小笨智能科技、天瑞精工、韦尔德斯、慈兴集团等机构和企业积极与会并作分享。

未来，蓝迪国际智库将充分发挥自身的资源优势助力智昌集团实现技术突破、拓展产品应用场景，不断提升其科技创新能力和自主可控能力，同时积极搭建重要交流合作平台，为扩大智昌机器人的影响力和知名度贡献力量。

第十章　"隐形冠军"企业

企业是新型全球化和"一带一路"建设的重要实践者和推动者。自 2015 年开始，我们始终坚持对企业进行系统挖掘，积极发现各产业新兴技术领域的"隐形冠军"。

"隐形冠军"最早由德国管理学家赫尔曼·西蒙提出，"隐形"的意思是指这些企业几乎不为外界所关注；而"冠军"则是说，这些企业几乎完全主宰着各自所在的市场领域，它们占有很高的市场份额，有独特的竞争策略，往往在某一个细分的市场中进行专心致志的耕耘。

打造"隐形冠军"企业，对我国经济发展和企业发展都有很大作用。这些中小企业虽然不为大众所知，但它们也是国家经济的重要引擎，并且有不可动摇的行业地位，有稳定的员工队伍和高度的创新精神。可见要想推动经济的快速发展，我们必须在打造"隐性冠军"企业上下功夫。

但是，这一重大工程不仅需要政府支持和国家政策保驾护航，更需要政府提供战略引导。蓝迪国际智库作为企业发展重要的实践者与推动者，在打造"隐形冠军"的过程中，顺应社会发展大势，积极参与双创；帮助企业走"专精特新"之路，找准企业自生发展定位，深耕擅长领域，不断创新不断提升，努力帮助企业锻造出自己的特色和品牌。

本章列举了蓝迪平台内 10 家拥有良好发展业绩的潜在"隐形冠军"企业，通过系统调研，认真梳理企业的核心发展战略与领先技术优势，详细介绍了蓝迪国际智库挖掘、培育与推介的全过程及未来的合作计划；通过分享企业优势、梳理合作过程，展示了蓝迪对具有行业引领作用的优质企业及第四次工业革命中的高新科技企业的重视及助推举措，使这些优秀企业在转型发展及深度参与国际竞争中有更好的表现和发展。

一　珠海蓝欧环保生物科技有限公司

珠海蓝欧环保生物科技有限公司（以下简称"蓝欧"）是一家拥有自主知识产权的高新技术企业，在生物降解专用微生物菌种、处理装置及工艺等方面均有独立知识产权，主要从事养殖、生活有机废弃物的生物降解及循环利用，由中国工程院印遇龙院士为技术领头人，在餐厨垃圾生物降解、智慧环保生态厕所、畜禽粪污生物降解等领域具有领先优势。

蓝欧在菌种选育、菌种混合及适应不同规模的餐厨垃圾处理系统等方面拥有自主知识产权，已申请 17 项专利，其中 9 项为发明专利、8 项为实用新型专利，在该领域形成了明显的技术领先，在市场上显示出较强的竞争优势。

在核心的菌种技术上，因为菌种的特殊性，国外菌种进口的合规性问题可能造成使用时间和使用效果打折，无法根据市场需求进行快速调整，且国外基本为单一菌种，面对国内的饮食习惯差异，无法取得理想的处理效果。国内竞争对手的菌种基本通过复制国外菌种国内生产，多为单一菌种，安全性和使用效果大打折扣。国内其他公司处理厨余垃圾菌种基本都是复制动物粪便发酵有机肥的菌种，而不是专门生物降解菌种，存在降解率低下、有臭味等问题。蓝欧在菌种选育、菌种混合等方面可适应不同规模的餐厨垃圾处理系统，通过独有的复合生物菌群降解技术，可以有效解决餐厨垃圾排放、处理及二次污染等问题，实现微排放、低能耗、资源再生，具有较好的推广性、实用性、经济性。

2018 年 11 月，江苏欧尔润生物科技有限公司向蓝迪国际智库专家就畜禽粪污生物降解堆技术及公司发展情况进行了相关汇报。与会专家对该公司自主研发的微生物菌群技术表示充分肯定，认为该技术通过源头处理，一次性解决传统方法不可回避的二次污染、成本过高、处理率低等问题，能真正实现资源二次利用，做到生活有机垃圾源头处理，资源化、无害化处理，将具有广阔的应用前景。蓝迪国际智库作为国家高端应用型智库有责任大力推进高新技术的实践应用，并在知识产权保护以及标准制定等方面提供智力及资源支持，双方于 2021 年 8 月共同成立了珠海蓝欧环保生物科技有限公司，以期将粤港澳大湾区及粤澳深度合作区作为切入点，打造生活有机废弃物生物降解资源化利用示范基地，以助力国家加快实现"3060"目标。

2020 年 5 月，在首届"一带一路"绿色生产力论坛上，蓝欧代表受邀参会并在会上指出我国目前餐厨垃圾处理在四个方面具有比较大的问题：一是处理能力严重不足，处理率极低；二是主要采用大型集中式处理方式，这类处理设施审批时间长，建设和调试周期长；三是大型集中式处理设施一般位置偏远，增加了餐厨垃圾的

首届"一带一路"绿色生产力论坛暨生态环境频道开播新闻发布会

运输距离，且容易产生二次污染和次生危害；四是这类大型设施系统庞杂、投资高，运营用人多、成本高，因此经济效益较差，需要长期财政补贴才能维持。作为蓝迪平台优质环保企业，蓝欧将长期致力于有机微生物降解技术的研发和实践，推动我国环保事业不断发展。

蓝迪国际智库代表团考察日照兴海集团

2021 年 10 月，蓝迪国际智库（珠海）执行主任陈璐与蓝欧总经理张国平一行赴日照市餐厨废弃物处理厂、日照兴海建设开发有限公司、山东洁晶集团股份有限公司考察，了解当地有机废弃物处理的现状与痛点。各方经深入探讨，拟试用蓝欧拥有自主知识产权的微生物有机废弃物处理技术，实现度假区四大环保难题的闭环处理，即将绿植垃圾加工成菌床，将餐厨垃圾、粪便污物作为蛋白"养料"按比例配比对浒苔垃圾进行生物降解，形成天然有机肥料改良园区土壤环境。此举能够真正意义上将污染物"变废为宝"，实现垃圾无害化处理和资源再利用的闭环生态，助力度假区绿色可持续发展。

2021 年 10 月，为助力企业抓住碳中和发展新机遇以及实现自身的高质量发展，蓝迪国际智库邀请了中国标准化研究院就企业如何建立健全生物降解技术标准体系，充分发挥标准在技术型企业发展中的重要作用进行了探讨，并为蓝欧制定了《餐厨垃圾微生物降解 降解技术要求企业标准》。该标准主要规定了餐厨垃圾微生物降解菌剂的一般要求、技术指标、培养要求、检测方法、贮存要求、包装要求、标识要求、运输要求等，适用于餐厨垃圾降解所需微生物复合菌剂的制备、管理等，将有助于蓝欧确立餐厨垃圾降解行业话语权，推动蓝欧技术标准服务机制的完善与发展，为蓝欧参与环保建设提供服务和支持。下一步，各方将推动相关团体标准的制定工作。

2021 年 12 月，中国社会科学院"一带一路"国际智库、蓝迪国际智库在北京日坛宾馆共同组织召开"生活有机垃圾生物降解技术研讨会"。生活有机垃圾的有效处理是实现国家"双碳"目标

蓝迪国际智库（珠海）执行主任陈璐在"生活有机垃圾生物
降解技术研讨会"上介绍蓝欧项目

的重要一环，在中国科学院、中国农业科学院等机构的支持下，蓝
欧复合菌群生物降解技术取得了一系列重要成果，攻克了畜禽粪
污、厨余垃圾、海洋有机垃圾处理等关键技术，成功研发生产了
"俏貔貅"系列生活有机物降解产品。在本次研讨会上，与会专家
对蓝欧生物降解技术进行了交流、研讨和评估，并探讨如何加速蓝
欧科技创新成果转化，加快推动我国生活有机垃圾处理产业实现碳
中和目标新突破。

　　蓝欧将专注于科研与创新，在垃圾处理领域深耕细作，同时向
更广阔的领域拓展。作为科技创新企业，蓝欧正处于技术转化为商
业成果的关键上升阶段，将注重知识产权保护和市场开发，特别重
视将研发创新与产业创新相结合。

　　未来，蓝迪国际智库将携手蓝欧以创新、协调、绿色、开放、

共享的新发展理念为引领，通过推动形成绿色发展方式和生活方式，持续推进固体废物源头减量和资源化利用，最大限度减少填埋量，将固体废物环境影响降至最低；努力高效、低成本地实现碳达峰与碳中和的目标，积极推动第四次工业革命的新技术应用于民生产业的发展。

二　珠海蓝萱生物制药有限公司

珠海蓝萱生物制药有限公司（以下简称"蓝萱"）是一家以离子液体技术为主导，从事生物医药、新能源、绿色低碳、保健品和日化美妆的应用研发及原材料销售的企业。

离子液体是一类完全由阴阳离子构成、熔点低于100℃或者低于室温的特殊有机盐。独特的阴阳离子结构，使其具有低挥发性、高溶解性、选择性以及结构可设计性等特点，符合现代可持续绿色制造的发展方向，被称为"未来溶剂"，可作为萃取分离的溶剂、工业催化剂、锂电池电解液、载药功能材料和资源化利用二氧化碳的介质等。

从应用角度看，催化/合成是离子液体应用第一大市场，年需求量近3000吨，其次为提取和分离、绿色溶剂、食品行业市场。因离子液体具有水混溶性和黏度控制的能力，故而广泛应用于生物精炼和能量储存中。

就市场而言，离子液体是21世纪初化学化工领域兴起的一类新型绿色介质和环境友好的软性功能材料，其与石墨烯、泡沫金属、碳纳米管、形状记忆合金等被评为21世纪最具有应用潜力的新材料。

随着各行各业对环保日益重视，离子液体凭借其优点可作为绿色催化剂和溶剂，可以替代有毒、污染严重的传统非环保催化剂。这也成为促进离子液体总需求量爆发式增长的主要原因。特别是在生物炼油、电化学、电池等领域的广泛应用，将成为离子液体需求增长的主要驱动力。尤其值得关注的是电池领域，为了提高锂电池能量密度以及安全性，离子液体技术必将在锂电池电解液领域中被广泛应用。

蓝迪国际智库代表与蓝萱相关负责人就离子液体技术及相关项目进行专题研讨

2020年9月，蓝迪国际智库一行赴蓝萱考察调研，就蓝萱的超分子离子液体技术及相关应用与蓝萱相关负责人展开专题研讨，确定了蓝萱将加大在生物医药、中医药、保健品及高端护肤品等领域的研发，重点攻关以"超分子溶剂""超分子催化""绿色萃取"应用为核心的科研成果转化，并与华熙生物等头部企业建立联合实验室，共同推进天然来源的超分子离子液体原材料在生物医药、中医药、保健食品、美妆等大健康领域的应用。

2021年8月，为推动蓝萱品牌效应，蓝迪国际智库与智循（珠海）品牌管理有限公司共同帮助蓝萱品牌更加快速精准地进入国内外市场，从销售运营、渠道分析、政策咨询、市场战略等方面积极为蓝萱品牌做营销策划。智循（珠海）品牌管理有限公司在中国消费品市场具有多年的行业经验，对新零售业态拥有快速反应，已经成为业内的领先企业，也是蓝迪国际智库长期战略合作伙伴。

蓝迪国际智库代表团考察山东洁晶集团股份有限公司

2021 年 10 月，蓝迪国际智库一行到访山东洁晶集团股份有限公司进行会谈。山东洁晶集团股份有限公司专注于海藻的精深研发和应用，生产海藻酸盐、海洋功能食品、海洋生物医药、海洋生物活性物质、海洋生物肥料等系列产品，工业级海藻酸盐生产规模位居全球前列，岩藻多糖、岩藻黄素实现规模化生产，精碘通过GMP 认证。公司当前最大的挑战是岩藻黄素的萃取工艺，因萃取率不足 1%，产品生产成本及售价都偏高。针对此问题，蓝迪国际智库（珠海）执行主任陈璐向洁晶集团推介了蓝萱的超分子离子液体技术。天然来源的离子液体大大增强了产品的稳定性和多效性，利用离子液体技术将为洁晶的岩藻黄素规模高效化生产提供系统的解决方案。

　　未来，蓝迪国际智库将持续与蓝萱合作，努力推动离子液体技术的推广和项目的落地；同时，帮助蓝萱寻求战略投资伙伴、加快投资建设、扩大生产规模、打造高端品牌、满足市场需求，将蓝萱的产品更快地推向市场。

三　珠海澳标云舟科技发展有限责任公司

　　珠海澳标云舟科技发展有限责任公司（以下简称"澳标云舟"），于2021年8月在蓝迪国际智库与北京标研科技发展中心共同支持下成立，是一家专注于提供质量合规性、综合咨询事务的机构。澳标云舟以国际通行的国家质量基础设施（NQI）理论和自主原创国际质量合规性（IQC）全新理论为基础，以产业链重塑和打造全新产业生态为关注点，将"知识产权+标准化+计量校准+检验检测认证+国际认可"等科技和质量全要素协同融合，融入创新技术引领型企业和创新产业聚集区产业生态构筑中，开展法理、政策、标准、产业化、质量价值评估和国际化等综合性高质量发展研究及成果应用推广服务，并对接"一带一路"共建国家，提供国内外创新技术产业化和区域高质量发展规划、高端质量管理人才和技术实操人员培养以及综合质量咨询、评估服务。

　　澳标云舟服务区域经济和产业经济高质量发展，在产业数字化、绿色金融、双碳治理和大健康领域积极推进"标准化+检测认证"一揽子发展建设，使粤澳深合区在质量合规性方面成为我国粤港澳大湾区、华南区域以及服务全国范围的高质量发展供给侧高地。

　　2021年12月2日，澳标云舟作为蓝迪国际智库理事单位、质

蓝迪国际智库及澳标云舟代表参加澳门"BEYOND 国际科技创新博览会"

量发展总协调机构应邀参加由澳门科技总会主办，商务部外贸发展局、国务院国资委规划发展局、中国国际科技交流中心、中华医学会联合承办的"BEYOND 国际科技创新博览会"，与各个参展企业及机构共襄澳门与粤澳深合区标准引领科技创新大计，推动区域经济高质量发展。

蓝迪国际智库与澳标云舟将立足粤澳深合区，促进质量合规性领域区域政策研究、产业科研攻关、区域质量规划、国际质量合规性合作和区域新兴产业质量人才培养，如本区域检测认证机构建设咨询和人才培养以及新兴企业"首席质量官"培养和"双碳管理师"培养；并结合澳标云舟在国内外质量方面的资源优势，依托粤澳深合区国际元素充分的地域条件，组织开展国内具有影响力的大型论坛活动，如"中国跨境电商国际质量合规性（IQC）峰会"等落户珠海。

未来，在蓝迪平台的支撑与引领下，澳标云舟将秉承共商、共建、共享原则，以标准联通"一带一路"政策体系，参与国际标准制定的发展规划以及质量提升规划，为蓝迪国际智库平台进一步加强标准制定以及质量服务、建立全球质量技术基础合作机制、更好地推动企业"走出去"夯实基础，在助力产业经济和区域经济高质量发展方面作出更大的贡献。

四　布瑞克(苏州)农业互联网股份有限公司

布瑞克（苏州）农业互联网股份有限公司（以下简称"布瑞克"）成立于 2014 年，致力于以"互联网＋农业＋金融"模式，创新服务中国农业现代化转型，打造基于农业大数据和产业互联网的智慧农业生态圈，推动中国农业从信息化、数字化走向智能化。

目前，布瑞克拥有农业大数据、农产品集购网、农牧人商城三大互联网平台，业务涵盖农业产业互联网、农业大数据、乡村产业振兴、县域经济等，涵盖国内数百个农产品种类，总数据容量超过 20T，为全国 600 多个县域和 10 万多家食品企业提供基于"大数据＋"和农业产业互联网的智慧农业解决方案，全方位满足政府和涉农主体的信息化需求。

布瑞克通过基于农业大数据和产业互联网的县域智慧农业生态圈解决方案，解读如何实现从农业的生产端、流通端到消费端的全程数字化。布瑞克以农业农村大数据为核心，构建省、市、县农业农村大数据中心+农业云平台+N 个应用，实现农业生产端数字化，共建数字乡村基础设施；同时构建以省为单位的 SAC 单品农业大数据云平台，实现单品全农链的数字化。此外，以农产品集购网B2B平台、农牧人品牌农业电商B2C平台为抓手的农业产业互联网应用平台，改变传统购销模式、提升农产品流通效率，推动全产业链信息化、数字化、智能化发展，打造数字经济的农业数字产业集群，助力乡村产业振兴。

2022年，布瑞克将在全国31个省区市，全面落地布瑞克县域农业云。通过布瑞克农业数据智能终端、SAC单品农业大数据平台，县域农业云、农牧人、肉掌柜等"多点"开花，将在全国31个省区市，全面落地解决方案。布瑞克县域农业云，服务农业生产端数字化；单品云，服务单个农产品全产业链数字化；智能终端，推动全产业链决策智能化。布瑞克农产品集购网，推动一二三产融合发展，实现大宗农产品加工流通中的数字化，推动单品产业互联网平台建设及运营，在豆业云、鲜果云的基础上，全面布局全国100个特色产业集群的单品产业互联网平台。布瑞克农牧人掌柜通过S2B2C的模式，发展实现从农副产品生产端到市民消费端的全程数字化，打造中国的"肉王"。布瑞克人也给自己提出了更高的要求：打造具世界级影响力的数字化农业食品科创企业。

蓝迪国际智库长期致力于农业数字经济的研究与实践。数字经济核心是信息和超算。如何用好数字科技，构建农业供应链集成与融合平台，建立"互联网+"农业标准体系，积极发展农业产业互联网平台型经济新模式，走出一条"农业产业链+产业互联网+综合赋能"的新时代农业农村发展新路径是当前三产融合亟待解决的重大命题。我们认为，蓝迪平台企业布瑞克在农业大数据和产业互联网领域有着长期积累，在国内国际农业产业研究和大宗农产品的全产业链信息化、数字化、智能化业务方面具备独特优势，并对其技术及产品在多个重要场合进行了重点推介。

2020 年 8 月，布瑞克副总裁王程受邀出席由中国社会科学院"一带一路"国际智库、蓝迪国际智库主办的"打造农业三产融合推动智慧社区新发展"研讨会，与专家、学者共同讨论"如何发展农业产业互联网平台型经济模式"等重要议题。2020 年 9 月，布瑞克董事长孙彤受邀出席由中国社会科学院"一带一路"国际智库、蓝迪国际智库主办的"创新智能制造推动长株潭一体化协同发展"蓝迪国际智库高层咨询会，并作为平台企业代表在高层咨询会上做案例发言。同月，布瑞克董事长孙彤受邀参加由中国社会科学院"一带一路"国际智库、蓝迪国际智库主办的"青海黄河流域生态保护与高质量绿色发展"高层咨询会，并在"智慧农业产业链及未来发展方向"专题研讨会上推介布瑞克基于农业大数据的农业产业互联网解决方案。

2021 年 10 月，嘉兴数字经济发展论坛暨蓝迪国际智库高层咨询会在浙江嘉兴召开。本次会议旨在结合嘉兴实际，全面把脉问诊，对嘉兴全面融入长三角一体化，加速推进数字经济行业及相关领域发展提出观点建议，为加速科创要素流动集聚、培育现代产业创新能力、高水平建设新时代数字嘉兴提供智力支持。布瑞克董事长孙彤受邀出席此次会议，并在会上表示，推动数字经济和实体经济融合发展，要把握数字化、网络化、智能化方向，推动制造业、服务业、农业等产业数字化，利用互联网新技术对传统产业进行全方位、全链条的改造，提高全要素生产率，发挥数字技术对经济发展的放大、叠加、倍增作用；要推动互联网、大数据、人工智能同产业深度融合，加快培育一批"专精特新"企业和制造业"单项冠军"企业；当然，要脚踏实地、因企制宜，不能为数字化而数字化。

蓝迪平台企业——布瑞克董事长孙彤在嘉兴
数字经济发展论坛上做主旨发言

未来，蓝迪国际智库将继续保持与布瑞克紧密合作的关系，依托布瑞克在农业大数据和产业互联网领域的长期积累以及在国内国际农业产业研究和大宗农产品进出口业务方面具备的优势，在智慧农业以及农业三产融合上持续发力，创新农业发展新模式，助力实现农村数字经济的产业化，助力乡村产业振兴。在"一带一路"这一重大背景下，蓝迪国际智库将针对"一带一路"共建国家的相关部门和企业，在重点农业产业和农产品研究、跨境大宗农产品贸易、大宗农产品分销等方面积极推介合作机会。

五 上海泷洋船舶科技有限公司

上海泷洋船舶科技有限公司（以下简称"上海泷洋科技"）于 2018 年成立，具有全面的工厂自动化系统集成能力、为船舶与海洋工程制造企业提供全面电气配套服务的能力，为客户提供从检测器件、执行器件、变频与电源、配电系统到自动控制系统、智能船舶控制系统、能量管理系统等全流程产品与服务，致力于成为智能电力推进与智能船舶控制系统的行业引领者。

上海泷洋科技专注于电力推进和海洋工程领域，技术力量雄厚，与上海交通大学、合肥工业大学、各大设计院等科研院所合作密切，拥有 20 多名长期从事船舶与海洋工程领域研究的工程师及技术人员，他们经验丰富、技术成熟。公司团队以"全心全意为客户提供最优方案"为使命，以一流服务和高质量赢得客户满意，致力于成为集成电力与智能控制系统领域的引领者。

上海泷洋科技秉承"至诚至信，成就客户；守正创新，精益求精；科学管理，合作共赢"的经营理念和"立足上海，辐射华东，服务全国，面向世界，追求卓越，自强不息，引领潮流"的发展思路，不断增强自身核心竞争力，健全服务网络，为航运、港口、船舶、海洋、水上养殖等各行业的客户提供更为优质高效、更为贴近客户需求的服务。

2021 年 7 月，在第七届中国机器人峰会暨智能经济人才峰会蓝迪国际智库机器人企业专场对接会上，蓝迪团队与上海泷洋科技董事长王成武进行了深入的交流，并挖掘了上海泷洋科技的领先技术和产品，双方就智能船舶系统领域展开了深入的沟通与探讨并

上海泷洋科技受邀参加第七届中国机器人峰会暨智能经济人才峰会
蓝迪国际智库机器人企业专场对接会

在会后建立了有效的合作机制。

未来，蓝迪国际智库将密切关注上海泷洋科技的科研动态，通过平台资源优势，为其优化资源配置，推动上海泷洋科技全面的工厂自动化系统集成能力和为船舶与海洋工程制造企业提供全面电气配套的服务能力；同时，帮助上海泷洋科技寻求战略投资伙伴，加快企业的投资建设，扩大生产规模，满足市场需求，将上海泷洋科技的产品更快地推向市场。

六 宁波舜宇智能科技有限公司

宁波舜宇智能科技有限公司（以下简称"舜宇智能科技"）是舜宇集团有限公司全资子公司，是一家专注于工业智能制造技术研发、方案设计、工程服务的高科技企业。公司推崇技术创新，拥有软件著作权22项，专利82项，其中发明专利24项；现有员工中，研发人员占比为70%以上，硕士及以上学历者占30%。作为浙江省"机器换人"工程服务公司、宁波市十佳智能制造工业工程服务公司，舜宇智能科技积极承担国家重大专项技术的研发，目前承担了工信部"2016年智能制造综合标准化与新模式应用项目"一项——"光电摄像模组智能制造数字化车间运行管理综合标准化与试验验证系统"和国家重大科学仪器设备开发专项一项——"跨尺度三维光电振动测量仪的开发和应用"。

公司有30余年的制造管理经验，结合新技术、新制造，舜宇智能科技已形成一套以"管、做、送"为业务核心，可持续、高效和面向未来的智能数字工厂整体解决方案。公司拥有完整的智能数字工厂软硬件开发、集成能力，擅长管理系统、嵌入式算法、机器视觉、PLC设计、机器人控制、大数据平台建设、非标设备设计、智能在线测量等技术。

公司项目实施团队经验丰富，能切实根据客户的现有资源状况专属定制适合客户发展方向的智能数字工厂整体解决方案；在全国设有交付中心，能保证实施团队快速进驻客户现场进行项目实施。

目前，智能数字工厂整体解决方案已广泛应用于汽车零部件、3C、小家电等多个行业。同时，公司可以根据不同行业、不同企业的管理和生产需求对产品进行灵活配置，为客户实现智能制造提供整体方案设计、智能数字工厂管理系统、柔性制造单元、柔性制造生产线、智能仓储物流定制和信息系统集成等服务，为企业垂直一体化管理提供必要的基础，切实帮助企业快速发现生产过程中产生的问题和症结，提升现场管理水平、优化工艺流程、改善产品质量、提高生产效率、降低损耗与成本，助力客户迈入"智能制造"时代。

2021年10月，在蓝迪国际智库与余姚市政府的积极推动下，

宁波机器人产业发展和推广应用调研座谈会

第七届中国机器人峰会暨智能经济人才峰会受到工信部重点关注，工信部一司副司长汪宏等人赴宁波市进行深入的调研和考察。在"机器人产业发展和推广应用调研座谈会"上，蓝迪（北京）执行主任胡宇东等蓝迪代表与舜宇智能科技董事长翁九星建立密切的沟通与联系，双方就产业发展、智能制造等方面展开深入探讨。

蓝迪国际智库代表通过深入调研，了解和挖掘了舜宇智能科技的领先技术和产品，为舜宇智能科技与蓝迪国际智库平台内资源的切实对接做了良好的前期铺垫，也为蓝迪国际智库利用自身完善的智库网络、城市网络、国际网络和企业网络助力舜宇智能科技融入"一带一路"建设奠定了良好基础。

未来，蓝迪国际智库将在智能制造领域与舜宇智能科技展开密切的沟通与合作，依托蓝迪的企业、政府、城市等资源，为舜宇智能科技在智能数字化工厂解决方案上寻找更多的合作伙伴和市场前景。

七　杭州艾米机器人有限公司

杭州艾米机器人有限公司（以下简称"艾米机器人"）是一家专注于智能服务机器人、陆地巡航机器人研发、制造及销售的人工智能创新企业，致力于用前沿技术和革命性智能解决方案打造世界级商用与家用服务机器人。艾米机器人拥有专业的开放式机器人服务平台，可为医疗、展馆、博物馆、政务大厅、商业/工业园区等不同应用场景提供可定制的专业化、个性化机器人解决方案。公司产品主要包括通用型商用服务机器人、智能教育机器人、医疗服务机器人、户外安检巡航机器人等。目前，艾米机器人旗下的产品已广泛应用于医院、展馆、博物馆、机场、公检法机构、各类商业展示厅等。

从成立伊始，艾米机器人就投入大量资源打造自主技术平台，公司研发团队包含多名教授。目前，艾米机器人拥有从底层底盘驱动、避震到语音交互拾音和降噪等多项自主技术，是国内自研机器人整机最全面的公司之一，并已在人机交互、自主导航和无人驾驶等技术的商业落地上掌握了完整的场景应用方案。

作为工信部下属人工智能产业联盟的核心单位，艾米机器人自成立至今已荣获杭州市"雏鹰计划"企业、杭州市高新技术企业、浙江省科技型企业、国家级高新技术企业等多项荣誉资质。2017年，艾米机器人成功登上由中国人工智能机器人产业联盟（CAIA）权威发布的"中国商用机器人最具潜力公司10强榜"。

艾米机器人董事长受邀参加由蓝迪国际智库承办的
第七届中国机器人峰会暨智能经济人才峰会

艾米机器人自成为蓝迪平台企业以来，积极参与蓝迪组织的多项活动，并充分发挥自身技术及资源优势，与活动各方进行深入交流。2021 年 7 月，艾米机器人董事长受邀出席由蓝迪国际智库参与承办的第七届中国机器人峰会暨智能经济人才峰会，并在机器人企业专场对接会上围绕数字经济、人工智能、5G 赋能等方面参与讨论，为机器人产业的发展积极建言献策，在帮助当地机器人企业把握机器人及人工智能领域技术创新动态和产业发展趋势方面贡献了极大力量。

未来，蓝迪国际智库将与艾米机器人继续深度合作，抓住"十四五"这一机器人产业创新发展、加速升级的关键时期，以"全球视野、平台生态"为目标，充分运用前沿技术和革命性智能解决方案，在特定场景应用及平台生态运营等方面发力，助力艾米机器人在全国多个城市进行业务的拓展与实践。

八　鉴真防务技术（上海）科技有限公司

鉴真防务技术（上海）科技有限公司（以下简称"鉴真防务"）是国内领先的军民融合无人机安全管控防控整体解决方案提供商，是低空防务领域集军民两用技术研发、设备生产、系统集成、方案定制和销售服务于一体的科技领军企业。公司总部位于上海，分公司网状辐射湖南、湖北、山东、江西、陕西、四川等地，产品研发资源和业务渠道网络覆盖全国。

鉴真防务长期致力于低空安全领域应用服务。在技术方面，公司有由 20 余项核心技术国家发明专利形成的坚实基础支撑，其自主研发的低空安防反无人机安全管控系统，具有对大疆等小微无人机进行"探测、监视、跟踪、识别、迫降、驱离"等综合管控能力，产品功能性能国内领先；自主研发的无人机综合管控云平台和多场景适应的多样化反无人机设备构建强力防御体系，专业解决无人机"黑飞""乱飞"难题，创新提供"合作"无人机管控服务。在人才方面，公司拥有一支来自国内外著名高校，如浙江大学、美国波士顿东北大学的博士团队，长期深耕互联网应用与安全领域，具有丰富的技术研发、系统集成、方案实施和售后服务经验；技术核心成员长期承担国家和军队"国家高技术研究发展计划"（863计划）和"国家重点基础研究发展计划"（973 计划），具有极强的技术攻关能力；运营团队曾长期在政府和军队有关部门工作，能够准确把握政府、军队、公安、反恐等市场需求。

鉴真防务紧盯信息前沿，专攻新兴技术，持续在贯彻国家安全观和军民融合深度发展战略上聚焦用力，其低空安全技术产品在

F1 中国（上海）大奖赛、酒泉卫星发射、上合组织峰会、南海海域海上阅兵、中朝领导人大连会晤等国际国内军地重大活动中均获得成功应用。

鉴真防务 CEO 帅博在由蓝迪国际智库主办的
"新科技产业发展讨论会"上发言

过去的一年中，蓝迪国际智库与鉴真防务开展了多次热烈且富有成果的交流。2021 年 3 月底，鉴真防务受邀出席蓝迪国际智库与工信部赛迪研究院共同主办的"新科技产业发展讨论会"。会上，鉴真防务 CEO 帅博介绍，鉴真防务的技术和产品近年来得到了市场和领导的认可。在低空安全与治理方面，鉴真防务掌握核心算法和自主知识产权，对产业模式具有完整的解决方案；在立体治理方面，鉴真防务正基于自身低空应用能力积极开展相关子系统的研发。2021 年 7 月，在第七届中国机器人峰会暨智能经济人才峰会蓝迪国际智库机器人企业专场对接会上，鉴真防务也积极分享其对机器人产业发展趋势的见解并参与资源对接。

未来，蓝迪国际智库将持续关注鉴真防务在商业模式创新、领域拓展和智能产业方面的规划，帮助其进一步扩大在无人机管控、空域管理和无人机应用板块的市场规模。以登上立体运营、智慧城市建设的高峰为目标，鉴真防务将不断优化运营模式，以期发展成为行业独角兽企业。

九 广东嘉腾机器人自动化有限公司

广东嘉腾机器人自动化有限公司（以下简称"嘉腾"）是广东省高新技术企业、机器人骨干企业、战略新兴骨干企业，致力于无人搬运车（AGV）领域的研发、生产、销售，凭借惯性导航、激光导航、二维码导航、磁导航、自然导航、复合导航等先进技术，推出了系列便捷、高效、智能的搬运机器人。

嘉腾成立于 2002 年，是中国工业机器人十大品牌商之一、德国物流联盟成员 BVL，通过 ISO9001 认证，产品获得多项国内外大奖，其中 2015 年大黄蜂获得创客中国企业组唯一一等奖，同年单举升无人搬运车斩获中国红星奖，2016 年磁导航和惯性导航两款 AGV 产品获得世界设计界的奥斯卡大奖——"德国红点设计奖"。嘉腾是中国唯一一家获得此奖的机器人公司。同时，它代表中国机器人参加德国汉诺威工业展。嘉腾从 2005 年起专注于 AGV 及智能物料配送解决方案的研发及销售，已先后推出了 6 代 AGV，是出口欧洲最早的中国机器人公司。嘉腾在广东佛山拥有 50000 平方米以上的现代化生产基地，分设重庆基地以及 20 个遍布全国的办事处，在北美、南美、欧洲、东南亚都有合作伙伴。公司至今拥有 400 多项专利及软件著作权，是国内领先的 AGV 及智能物料配送解决方案提供商。

嘉腾的产品获得超过 60 家世界 500 强的客户的青睐。超过 5000 台嘉腾 AGV 应用于世界各地的企业。客户涵盖广汽、本田、丰田、大众等知名汽车生产商，华为、美的、海信、联想、纬创资通等通信、电子、电器类公司的国内外工厂或仓库，以及中国中车等交通、电力、航空、食品等众多领域的世界级公司。

2015 年，嘉腾成为世界顶尖激光导航技术服务商 NDC 的全球战略合作伙伴。目前嘉腾 AGV 产品涵盖激光导航、惯性导航、磁导引、二维码导航、自然导航、复合导航等多种导航方式，最大负载到 60T，可以为工厂、仓库、码头等提供室内外的产品和服务。其中嘉腾自主研发的侧叉 AGV 产品开启了立体仓的智能时代，彻底解决了传统立库弹性差、维修成本高、难移动的难题。

嘉腾的核心技术在于使用 ARM 嵌入式计算机的主控制硬件系统和强大的物流软件系统。软件系统包括 AGV 中央调度系统、嘉腾大脑 JT Brain、智能制造 IMS 软件系统、WMS 仓储管理系统和 WCS 仓储执行系统。其中，AGV 中央调度系统是一个能同时对多台 AGV 实行中央监管、控制和调度的系统。用户可以从系统界面实时了解每台受控 AGV 的设备状态、位置、工作状态等，还可以自动或者手动呼叫空闲 AGV 分配任务；根据用户实际需要，还可以增加 AGV 故障报警、复杂路段交通管制、AGV 系统远程升级维护等功能。正是有强有力的软硬件的支持，嘉腾 AGV 可以与 ERP、

MES、WMS、IMS 等系统无缝连接。未来，嘉腾将紧跟行业发展趋势，积极提升科研创新能力。

嘉腾 5G 通信组负责人在蓝迪国际智库机器人
企业专场对接会上演讲

2021 年 7 月，嘉腾积极参与第七届中国机器人峰会暨智能经济人才峰会上的人机共融智能机器人操作系统论坛、工业机器人产业发展论坛、人工智能机器人技术与新工科人才培养论坛等主题论坛。嘉腾 5G 通信组负责人在蓝迪国际智库机器人企业专场对接会上发表了题为"5G 云中控对 AGV 的生态改变"的演讲，结合余姚现有机器人产业，就如何利用 5G 优势催生大厂区大规模 AGV 的协同工作、如何实现余姚智能制造改革目标等问题提出了宝贵意见。

未来，蓝迪国际智库将密切关注嘉腾的发展动态，结合"十四五"时期机器人产业创新发展，为嘉腾提供更多的产业支持和政策引导，帮助企业在智能制造领域开展更加广泛、更高层次的合作。

十 宁波佳音机电科技股份有限公司

宁波佳音机电科技股份有限公司（以下简称"佳音"）成立于 2001 年，是研发生产智能家电核心执行、控制元件及传感器的国家级高新技术企业，下辖 14 个事业部，产品涵盖了智能家电所需的大部分关键部件，基本能实现智能家电"一站式"整体解决方案，佳音秉持"让生活更智能"的产业使命，正处于快速发展的关键时期。

佳音自 2016 年在新三板挂牌，已全面构建了数字化平台，规范了内部管理秩序，实现了研发—销售—供应链—生产—物流的全面信息化。佳音目前正筹划转板上市，即将迈进高速发展的新阶段。

佳音的产品被市场广泛应用，其中电磁阀、电磁泵、流量计等品类在市场上形成了独有优势，已稳固拥有飞利浦、松下、西门子、美的、SEB、小米等近 800 家国内外知名品牌客户，"一切以客户为中心"是佳音不断前进的原动力。

佳音作为智能家居上游零部件制造及供应商，与国内知名智能家居厂商形成紧密的商业合作伙伴关系，同时在技术方面逐步走向国产化，摆脱对进口零部件的依赖。

2021 年 10 月，由蓝迪（北京）执行主任胡宇东带领的调研小组赴佳音进行了实地调研走访，与佳音董事长鲁定尧进行了深入的沟通与探讨，就公司目前的经营状况、发展规划等进行了详细的了解和考察，双方就未来的战略合作目标达成了一致。

未来，蓝迪国际智库将持续关注佳音在商业模式、经营理念和

蓝迪国际智库调研佳音

智能产业领域的规划与发展，并在智能家居产业链上助力佳音在全
国多个城市规划布局，聚焦智能家居行业的发展与研究，帮助佳音
发展成为行业领军企业。

第四部分

平凡人做非凡事

——蓝迪专业化组织内核及服务范式创新

　　蓝迪国际智库已形成北京、珠海、青岛三支青春洋溢、踏实肯干的项目执行团队，十余名"80后""90后"年轻人成为智库平台上最活跃、最美丽的音符，最具青春活力的一抹亮色。蓝迪（北京）主要负责智库研究、公共关系、国际合作、机构协同、媒体联络等工作；蓝迪（珠海）主要负责蓝迪平台的企业与项目管理、服务粤澳深度合作区、推动澳门产业多元发展等工作；蓝迪（青岛）主要聚焦青岛上合示范区与RCEP青岛经贸合作先行创新试验基地建设，推动青岛与上合国家、RCEP国家开展国际交流与合作。

　　马融担任蓝迪国际智库秘书处副秘书长，汪春牛担任蓝迪国际智库秘书处副秘书长，另设三名执行主任，分别为胡宇东（北京执行主任）、陈璐（珠海执行主任）、杨林林（青岛执行主任），以及项目官员若干。蓝迪国际智库秘书处核心成员名单如下：

马　融——蓝迪国际智库秘书处副秘书长

汪春牛——蓝迪国际智库秘书处副秘书长

胡宇东——蓝迪国际智库（北京）执行主任

陈　璐——蓝迪国际智库（珠海）执行主任

杨林林——蓝迪国际智库（青岛）执行主任

尚李军——蓝迪国际智库项目主管（北京）

付　飞——蓝迪国际智库项目主管（珠海）

蔡琅琪——蓝迪国际智库项目主管（珠海）

乔　晔——蓝迪国际智库项目主管（青岛）

胡皓洁——蓝迪国际智库项目主管（青岛）

刘　霞——蓝迪国际智库项目主管（青岛）

蓝迪国际智库北京、珠海、青岛秘书处成员

北京、珠海、青岛三地团队成员均具备专业化、标准化、国际化的执行能力，以及超强的学习能力和资源整合能力。与此同时，团队成员均为具备国际视野、通晓国际规则、能够参与国际事务和国际竞争、善于从中国看世界和从世界看中国的高端人才。他们密切关注国际政治经济局势，重点聚焦"一带一路"共建国家与国内区域结合；他们紧密联系合作伙伴，通过举办和参加高级别国际会议持续在国际舞台上发出蓝迪声音，进一步增加中国智库在全球治理中的话语权，为增强中国软实力贡献力量；他们致力于对企业的"挖掘、培育、推介"，成功孵化多个重大项目，

蓝迪（北京）成员

蓝迪（珠海）成员

蓝迪（青岛）成员

推动了新型应用型智库"经典智库"和"专业咨询"相结合的发展进程。

第十一章　蓝迪三地机构分布、成果及计划

蓝迪国际智库心怀"国之大者"，始终以服务党和国家工作大局、助力中华民族伟大复兴为根本遵循，发挥转型巨变中的新型智库价值，凝聚共识、加速变革；聚焦新型全球化、第四次工业革命及国内外"双循环"中出现的新问题、新机遇、新挑战，开展研究报告、产业培育、城市协同和项目推进等工作。近年来，为服务区域合作及城市网络、企业转型升级的发展需求，蓝迪国际智库以北京为总部，先后成立了珠海和青岛分部，建立了

三支极具实力的专业化年轻团队展开各项重要工作，并取得了丰硕的成果。

一 蓝迪（北京）

蓝迪（北京）努力将自身打造成服务"一带一路"建设重要的研究基地、交流平台、资讯窗口和人才高地，在开展智库研究、支持地方经济社会发展、构建"一带一路"国际话语体系等诸多领域承担了重要任务，并取得了丰硕成果。

第一，积极推动前瞻性与现实性、战略性与政策性、综合性与专题性的重大课题研究，为高质量共建"一带一路"建言献策。蓝迪国际智库积极围绕党和政府决策急需的重大课题，在深入调研的基础上形成多篇高水平研究报告，得到高层领导批示和重视，相关报告及政策有效转化为有关部委和地方政府政策措施。其中，《"一带一路"城市合作发展研究报告》荣获"国家发展和改革委员会优秀研究成果奖三等奖"；《未来 30 年把深圳建成世界最具创新力和竞争力大都市的建议》《国内外军民融合战略分析及对我国的相关政策建议》《特朗普就任美国总统半年来的执政情况及我方的对策》《特朗普当选美国总统的背景对我国的影响及对策建议》4 篇研究报告均荣获"中国社会科学院年度优秀对策信息二等奖"。

第二，积极发挥高端智库在助力地方经济社会发展中的智力支撑作用，为地方发展创新思想、集聚智慧、储备人才，着力提升我国地方政府决策的科学化、民主化和法治化水平；同时，积极开展城市综合经济研究和产业发展研究，力求为城市建设与产业发展寻求最佳解决方案。自 2018 年起，蓝迪（北京）相继与珠海、青岛、宁波、苏州、南宁、保定、湘潭、青海省、海南省、嘉兴等地方政府开展密切合作，建立起"智库+区域/城市"服务网络。在实地调研和深度沟通的基础上，蓝迪（北京）根据地方发展实际、发展需求和发展目标，成功打造专家高级咨询会系列品牌活动，为地方经济社会高质量可持续发展出谋划策。

第三，不断加强对外传播能力和话语体系建设，通过合作研究、论坛、学术会议、媒体宣传等形式同巴基斯坦中国学会、欧亚发展基金、法国展望与创新基金会、英国繁荣基金会、南非独立传媒等国际知名智库展开对话。蓝迪（北京）与国际合作伙伴联合主办第四届空中丝绸论坛、中巴经济走廊高峰论坛、中哈共建"一带一路"国际高级研修班、中欧绿色智慧城市峰会等系列重大活动，极大提升了我国新型智库的国际竞争力和国际影响力，为"一带一路"的高质量发展营造了良好的国际舆论环境。

第四，积极融入信息时代，搭建"智库+媒体"合作网络，加强传播手段和传播机制建设，与新华社、中国经济信息社、人民日报社、中国"一带一路"网、中国日报网、中国经济网、人民画报社等重要媒体进行深度合作，解读"一带一路"政策、分析"一带一路"热点。同时借力微信公众号等新媒体引导社会舆论，提高智库及其专家在媒体中的出镜率和曝光率，进一步提升蓝迪国际智库的社会舆论影响力。

当前经济全球化与全球经济治理阻力增大、沿线地缘环境变化加剧以及全球疫情大流行影响空前，均增加了当前及未来推进"一带一路"建设的不确定性和艰巨性，因此也对蓝迪（北京）未来发展提高全局统筹性、决策前瞻性、落实科学性、评估合理性、合作协调性等提出了更高要求和更严标准。展望未来，蓝迪（北京）将在咨政建言、理论创新、舆论引导、社会服务、公共等智库工作方面再创佳绩，打造具有国际影响力的中国特色型高端智库品牌。

2022 年，蓝迪（北京）将聚焦热点、重点课题，关注新兴技术发展，充分整合调动国内各领域优秀研究团队和智库伙伴的研究力量，围绕以下重点课题展开。（1）国际热点议题和"一带一路"倡议。（2）促进数字经济发展。把握第四次工业革命与数字经济的时代机遇，围绕数字产业化、产业数字化展开课题研究。（3）促进绿色经济发展。聚焦"双碳战略"目标的实现，展开有关课题研究，深入调研相关产业、企业和项目，探索和完善与"双碳战略"匹配的策略与行动。（4）促进重大科技创新攻关与成果转化，围绕国家发展的关键技术领域、"卡脖子"技术，推动科技创新突破和产业化发展。

2022 年，蓝迪（北京）将进一步巩固和扩展城市合作网络，紧密围绕粤港澳大湾区建设、京津冀协同发展、长三角区域一体化发展、长江经济带发展、黄河流域生态保护和高质量发展、海南全面深化改革开放等国家区域战略，立足全国重点区域、重点省份、重点城市，找准独特定位，明确发展目标，落实国家战略，推动产业的升级改造，实现区域经济社会的高质量发展。

2022 年，蓝迪（北京）将深度融入产业，通过标准化的专业服务体系，解决具体问题，实现共创共赢。（1）通过形成重点课题和产业的智库研究报告，建言献策，促进区域和产业高质量发展；（2）通过召开地区政府高层咨询会，深入结合地方发展实际，找准战略定位，进行顶层设计，提出规划、政策建议，对接产业资源、落实项目方案；（3）通过紧密结合国家、地区战略和产业重点的主题峰会，汇聚资源，凝聚共识，实现协同创新发展；（4）充分利用平台资源开展新技术培训，提高科技创新能力，开展对外合作培训，提高对外交往能力。

二　蓝迪（珠海）

横琴位于珠海市南部、珠江口西侧，毗邻港澳，面积为 106 平方公里。从区位战略上看，横琴是粤港澳大湾区战略布局上的咽喉要地。珠江两岸发达的交通网络和基础设施，让粤港澳大湾区具有了"五指握拳"的基础和条件，区内经济的互动、互补式发展未来可期，而横琴的区位优势和战略价值也愈加凸显。独特的地理位置，3 倍于澳门的面积，横琴为澳门提供了经济和产业纵深拓展的空间。对粤港澳大湾区而言，随着珠江东西两岸经济的日益联动，澳门—横琴将成为珠江东西两岸经济互动发展的新中枢，实现经济的快速发展。

横琴新区自诞生之日起，紧紧围绕促进澳门经济适度多元发展的战略重任，坚持制度创新引领，在深化对澳合作、培育新兴产业、优化营商环境等领域取得突出成效。横琴已经成为促进粤澳合作、推动澳门经济适度多元发展的重要载体。2020 年 10 月 14 日，习近平总书记强调要"加快横琴粤澳深度合作区建设"。中共中央、国务院于 2021 年 9 月 5 日正式公布《横琴粤澳深度合作区建设总体方案》（以下简称《横琴方案》）。《横琴方案》紧紧围绕促进澳门经济适度多元发展的初心，立足服务澳门、推动琴澳一体化发展进行谋划和设计。联通、融合、聚变，横琴粤澳深度合作区的成立为澳珠极点发展开启新的篇章，也将为粤港澳大湾区的发展开辟一方新天地。现在，横琴站在了全新的起点上，无论从金融组合、经济交通还是重企圈层、新政新利各方面，都将更具当代中国的风采和力量，成为与世界对话的前沿窗口。

蓝迪国际智库始终站在时代前沿，通过充分发挥智库功能为国家经济社会发展提供智力支持与系统服务。我们精确瞄准国家重点发展区域，跟随国家重点打造粤港澳大湾区的步伐，选点横琴做好提前布局，打造本土项目团队，服务粤港澳大湾区建设，助力深化珠澳多元合作。

蓝迪国际智库从 2018 年开始对珠海横琴发展、粤澳合作给予了系统性的智力支持，所做的工作获得了横琴地方政府的高度认可。为更加高效促进粤港澳大湾区的高质量发展以及粤澳深度合作，我们与横琴地方政府于 2019 年 5 月在横琴成立珠海分部，围绕促进澳门经济适度多元化这条主线以及横琴的战略定位与价值，通过发挥自身的智库功能以及平台优势，以专业化的人才团队及成熟的法律服务、政策研究、技术标准、信息服务、金融支持、文化与品牌、能力建设七大服务体系，积极为粤港澳大湾区扩大开放探索新路径新模式、强化发挥以点及面的改革示范和引领作用、更好服务构建新发展格局提供智库方案。

蓝迪（珠海）以实践操盘手为队伍的主体，整合蓝迪国际智库专业学者研究队伍开展各项服务工作。蓝迪（珠海）成员拥有多学科专业教育背景，是一支具有高度社会责任感、富有战略思维和创新精神、熟悉政府及企业运作、有丰富实践经验、务实干练的专业化人才队伍。蓝迪（珠海）充分依托蓝迪国际智库在国内外政党、政府、议会、企业、智库、媒体、社会组织及行业专家等方面的资源优势，主要开展"挖掘、培育、推介"企业，充实智库种子项目库，为其平台企业提供战略咨询、城市合作、市场推广及业务拓展、投融资对接、法律咨询及风险防范、国际质量合规及标准检验检测和上市辅导等服务，同时聚焦粤港澳大湾区以及粤澳深度合作区开展招商引资、产业导入、国际推介、项目合作及落地等工作。

蓝迪（珠海）近年来积极服务琴澳融合发展，推动优质企业与项目落地琴澳两地，积极促进澳门实现产业多元化发展。经多方不懈努力，在澳门特首发布的《2021 年度施政报告》"促进经济适度多元发展"的板块里，"发展现代金融业"成为第二大施政重点。金融发展被列入澳门重点发展产业布局中，体现了蓝迪国际智库对琴澳金融建言献策的成效。

蓝迪（珠海）的工作重点体现在以下五大方面。

一是会议活动方面。积极搭建澳门与横琴的沟通桥梁，主要包括多次以正式及非正式会晤形式促成琴澳高层领导会晤、横琴金融部门与澳门特区政府经济部门领导沟通、澳门科技总会等机构与横琴企业对接等，促进琴澳针对双方合作发展规划对接、重点产业及合作模式展开深度交流讨论。我们积极参与创办的"十字门金融周"品牌已成为省级会议标杆，打造粤澳金融名片，培育壮大产业高质量发展新动力，在促进澳门产业多元发展上取得更大突破。同时，为了进一步助力澳门实现产业多元化发展，我们积极参与筹备"BEYOND 国际科技创新博览会"，组织全国优质企业参展参会，并成功获得国资委的支持，努力通过举办博览会将澳门打造成为全球科技产业新的聚焦点，链接亚太地区乃至全球科技生态。

二是项目合作方面。积极为琴澳两地挖掘优质企业与技术，促进企业落户横琴，为推动琴澳两地实体经济发展贡献力量。目前已落地的项目有：（1）珠海蓝萱生物科技有限公司，主要利用离子液态技术对中医药产品、生物药品、保健品、护肤品、锂电池、军民融合新材料等原材料进行研发和生产。公司自主研发的 NMN 原液较日本及美国的同类竞品效果高出 13%～19%，生产成本约是日本、美国的 1/4，市场反馈积极，有巨大的市场发展空间。同时该企业也从事健康科学项目的研究及开发。（2）珠海蓝欧环保生物科技有限公司，专门服务于澳门及深合区餐厨垃圾和粪便污物处理项目，为澳门实现碳中和碳达峰目标贡献力量。（3）珠海澳标云舟科技发展有限责任公司，服务于粤澳企业质量、标准、检验检测规划建设发展，助力粤澳企业提升行业话语权。

三是澳门产业规划方面。蓝迪（珠海）充分考虑对澳合作服务需求，在财富管理、金融创新方面加强对澳合作。现结合琴澳两地产业发展重点以及两地优势，向澳门政府推荐 10 个符合澳门发展规划的优质项目，包括：（1）蓝萱生物材料研究院项目；（2）蓝欧餐厨垃圾处理项目；（3）今迪森肿瘤基因治疗项目；（4）星影艺术教育集团文旅项目；（5）澳标云舟科技检测检验及标准认证项目；（6）碳链和基于碳链的绿色数据金融平台项目；（7）澳门智慧城市整体解决方案项目；（8）广东昱辰热力研究院项目；（9）自动驾驶研究院项目；（10）国际医药创新大会永久会址项目。蓝迪（珠海）将努力推动这 10 个优质项目落地，它们将成为粤澳深度合作区发展全局"牛鼻子"的重要组成部分，助力深合区以项目为抓手打造高质量发展的新引擎。同时，蓝迪（珠海）积极推荐平台企业参加横琴科创大赛，这些企业包括：（1）武汉兰丁医学高科技有限公司（即将上市）；（2）山东天壮环保科技有限公司（农业示范项目："生态塑料"技术产品研发生产示范基地）；（3）安世亚太科技股份有限公司（已获得国家军民融合产业投资基金投资）；（4）上海天数智芯半导体有限公司［已获 C 轮融资，公司旗舰 7 纳米通用并行（GPGPU）云端计算芯片 BI 已流片成功］；（5）广东匡辰电子科技有限公司（获美国、日本和欧盟 PCT 专利）；（6）深圳蓝胖子机器智能有限公司（获创新工场、洪泰基金和云峰基金等头部创投机构投资）；（7）至玥腾风科技投资集团有限公司（已获四轮融资）。

四是人才培养方面。蓝迪（珠海）非常重视人力资源的开发，与澳门高校合作，积极参与澳门大学生暑期横琴实习计划，并接收实习生参与学习实践，通过实习生计划筛选出更多优秀青年，助力澳门大学生在这片粤澳深度合作的沃土上开阔视野、积累经验、寻找机遇，深化琴澳两地人才交流。

五是研究报告方面。蓝迪（珠海）积极深入研究横琴战略定位及澳门优势，形成了 3 篇促进琴澳深度融合及高质量发展的重要研究报告及 3 册年度报告，对琴澳合作进行了重点推介。

（1）在琴澳发展的专题研究报告方面，《珠海横琴战略定位及创新发展思路研究》荣获"第三届中国一带一路博士论坛优秀成果"国家荣誉证书。该报告详细阐述了横琴新区的发展进程与基本经验，并指出在当今的形势下横琴的主要优势在于政策优势、区位优势、生态环境保护优势等；横琴面临的挑战主要为与港澳合作进度缓慢、多元化产业合作道路不够明晰、人为因素和战略定位制约明显，并在此基础上提出了横琴未来创新发展的思路与举措。《关于发挥澳门独特优势建设中国特色横琴自由贸易港的研究报告》分析了横琴自贸港的战略定位，提出了深化粤澳合作的举措建议和保障措施，强调将横琴自贸港作为国家对外开放的新窗口和深化粤澳合作的新桥梁，通过"分线管理"和"联合管理"的方式，推动珠澳双向多元化产业发展和实现更高层次、更加开放的国际化发展，这将进一步促进澳门融入国家"一带一路"发展大局，打造粤港澳大湾区的珠澳新增长极。《关于发挥琴澳独特优势建设粤澳深度合作区的研究报告》分析了粤澳深合区的战略定位，提出了关于加快建设粤澳深度合作区的举措建议。以上3份报告均获得中央领导的批示。

（2）年度报告3册，分别是《2020，我们交给时代的答卷——蓝迪国际智库2020年度报告》《助力中国企业融入"双循环"新发展格局——蓝迪平台企业发展2020年度报告》及英文版 *Responding to Our Era——RDI Annual Report 2020*（社会科学文献出版社），对琴澳两地发展进程进行了重点介绍，为世人了解琴澳深度合作提供了重要窗口。《助力中国企业融入"双循环"新发展格局——蓝迪平台企业发展2020年度报告》第一部分第四章"园区建设试点"指出了横琴新区的开发与澳门息息相关，在促进澳门产业多元发展和支持澳门更好融入国家发展大局中发挥着十分关键的作用。

2022年，蓝迪（珠海）将继续以横琴为发展支点，开展有利于辐射粤港澳大湾区、粤澳深度合作区、澳门的经济发展以及对外开放的相关工作。一是积极深入"挖掘、培育、推介"国内外优秀科技企业，以"问题导向、需求导向、项目导向、结果导向"为原则，赋能企业的高质量发展。与此同时，积极更新完善重点产业赛道企业分类，形成完整的"产业+企业+区域/城市"合作模式，以头部企业引领加强产业链上下游企业间的联动发展。二是充分发挥平台企业以及金融机构聚集优势，成立蓝迪产业基金，通过产融结合方式帮助更多优质的项目以及高新技术落地横琴，将横琴建设成为承载澳门多元化产业发展的重要平台载体。三是充分考虑横琴现有的产业发展及承载力基础、澳门在科技研发及特色优势产业发展上的条件，加强研究深合区企业、人才、金融等方面的特别支持政策，助力深合区着力吸引国内外技术、人才、资金集聚，重点引导发展科技研发和高端制造、中医药等澳门品牌工业、文旅会展商贸、现代金融等产业。四是通过主办、承办国际科技创新博览会、十字门金融周等相关高级会议、论坛品牌活动来积极推介平台优秀企业参会，并以主题论坛等形式促进企业与粤澳当地政府、企业及投资机构深度交流，紧紧围绕实体经济，为粤澳金融产业发展及金融合作出谋划策。五是更好发挥澳门联系沟通世界的独特优势，搭建国际化交流合作平台，助力深合区构建对外话语体系，实现更高水平地与澳门一体化扩大对外开放。

三　蓝迪（青岛）

为扩大发挥蓝迪国际智库资源优势，积极推动新型应用型智库和地方城市携手，助力"一带一路"倡议发展及黄河流域生态保护和高质量发展等国家战略落地，2021 年 9 月，蓝迪国际智库设立青岛分部。

（一）助力青岛落实国家战略、扩大国际合作

当前，青岛市正处于国家新一轮更高水平对外开放的最前沿，承接多项对外开放战略，包括中国—上合组织地方经贸合作示范区、中国（山东）自由贸易试验区青岛片区及 RCEP 青岛经贸合作先行创新试验基地。深度融入共建"一带一路"、RCEP、黄河流域生态保护和高质量发展等重大机遇叠加，为青岛构建了清晰的发展格局，明确了青岛由自身向外延伸的三级区域定位标签，即打造环胶州湾国际合作新平台、驱动胶东五市发展、建设黄河下游战略城市群中心。

将智库研究与城市群、产业群、国际化发展紧密融合，是蓝迪国际智库多年来的重要工作之一。蓝迪（青岛）充分发挥自身咨政建言优势、资源整合优势和平台网络优势，围绕上合示范区、RCEP 青岛经贸合作先行创新试验基地高质量建设，在顶层设计、政策创新、课题研究、国际合作、项目合作、能力建设、宣传推广等方面与相关政府部门进行深入合作，助力青岛落实国家战略。

（二）赋能企业把握发展大势、加快业务增长

青岛是"金花"之城，众多优秀的企业在青岛这片产业热土上茁壮成长，为经济发展增添新动能。面对新的国际竞争和产业发展格局，如何更好地推介龙头企业硬核技术，如何帮助龙头企业树立行业标准、赋能产业链上下游高质量发展，如何推动企业打开国际市场等，是重要的发展议题。

蓝迪（青岛）深入调研当地政策、典型企业，现已经收集并梳理完成青岛各领域龙头企业的相关信息，其中包括工业互联网领

域代表企业海尔集团及海信集团、专注于生物医药研发销售的百洋医药集团、航运贸易领域龙头山东省港口集团、百年品牌青岛啤酒集团、在工程承包建设领域经验丰富的青建集团、重视军民融合与装备制造的北船重工和中车四方，以及在新型智能制造领域势头正盛的酷特智能等行业领军企业。

蓝迪（青岛）深入了解企业发展历史与当前核心需求，并充分调动蓝迪国际智库平台资源，在生物医药、军民融合、智能制造等国际国内第四次科技革命核心领域不断"挖掘、培育、推介"优秀企业和成果，积极在企业的政策咨询、品牌咨询、技术标准建立、国际市场开拓等方面贡献智库力量。

（三）参与打造"智库+城市"服务网络，丰富蓝迪生态

蓝迪（青岛）及蓝迪资源网络紧密连接，通过与地方政府、链主企业及众多合作伙伴深入合作，以及蓝迪国际智库高层报告、高层咨询会、主题峰会、专题研修等丰富场景，持续助力地方经济社会高质量发展，地方政府决策的科学化、民主化和法治化水平提升，蓝迪平台企业在青岛落地合作，青岛本地创新企业加快国内外业务拓展，与政企携手构建充满生机的智库平台与区域生态。

面向2022年，蓝迪（青岛）将聚焦区域热点、重要课题，与政企开展紧密合作。

一是聚焦上合示范区高质量发展与RCEP生效，组织高层咨询、课题研究。上合示范区建设是"国之重任"，旨在打造"一带一路"国际合作新平台。2022年，上海合作组织正式进入第三个十年的全新发展时期，加快建设上合示范区使命光荣、任务艰巨。在RCEP签署15天之际，青岛市委、市政府提出了建立RCEP青

岛经贸合作先行创新试验基地的设想，旨在发挥青岛优势、抢先打造新的发展名片。此外，中国北方国际油气交易中心、山东国际航运交易所、大宗商品数字化科技平台等"五中心一所一台"示范引领项目已扎实落地。2022 年 1 月 1 日，RCEP 正式生效，RCEP 创新试验基地面向日韩、联动东盟，开放合作效用逐渐显现。蓝迪（青岛）将围绕两大区域发展重要议题，开展高层咨询、战略研讨和课题研究。

二是聚焦区位优势，深度参与重要峰会活动组织。发挥蓝迪在智库网络、国际网络方面的资源优势，深入参与跨国公司领导人青岛峰会、RCEP 经贸合作高层论坛、上合组织国际投资贸易博览会暨上合组织地方经贸合作青岛论坛等重要国际会议的议题设置、项目对接、课题研讨等，助力蓝迪平台资源、要素的交流协作。

三是聚焦特色产业，组织专家建言、企业对接活动。青岛市在工业互联网、高端装备制造、医养健康、新能源新材料、海洋产业及文旅消费等方面基础雄厚、企业汇聚。为助力蓝迪平台企业及本地产业新星更好把握发展大势，接入互补资源，蓝迪国际智库将充分发挥自身的资源优势，组织产业诊断、行业峰会、对接交易等活动，在企业政策咨询、品牌咨询、技术标准建立、国际市场开拓等方面贡献智库力量。

第十二章　蓝迪创新协作模式

经过八年探索，蓝迪国际智库已形成富有特色的智库工作方法、协同网络与人才机制。

一 "结果导向"的工作原则

在八年的实践中，我们始终以党和国家的重大关切为核心，努力将重大课题和任务转化为具体的实践成果，形成了"问题导向、需求导向、项目导向、结果导向"的核心工作原则。一是坚持以解决问题为出发点和落脚点，对国家、地方、产业、企业的具体问题加以研究和解剖；二是由问题挖掘出具体的需求，找到解决问题的关键点和突破口；三是将解决方案落实到项目上，通过具体可行的项目落地满足需求，解决问题；四是最终产生务实的结果，形成完整的工作闭环。这样的工作原则使我们成为广受各级政府、合作伙伴和企业认可与信赖的智库伙伴。

二 科学严谨的工作方法

丰硕的智库研究成果背后，是我们强有力的科学工作方法论体系。我们在具体的工作和研究中，一是坚持实地调研，掌握第一手资料，通晓国内外现状。二是精准匹配特定领域顶级专家。作为新型智库的创新代表，我们并不局限于固定的研究力量，而是从问题出发，以全球视野建立智库网络和专家库，从而精准匹配研究课题的特定优秀专家。三是充分发挥实战经验丰富的领导者的工作经验。我们充分链接具有丰富高层主政经验和长期从事深入实践的核心专家，在复杂的信息中直击要害，找到最优解。四是广泛研究对比国际经验，构建全球视野的方案参照系。解决今天的中国问题必须吸收全球的成功经验，蓝迪始终在对全球实践的充分研究和比较借鉴基础上开展问题研究和提出决策建议，从而能够最大限度地提升决策的科学性和有效性。五是高度关注内部工作方法的提炼与传承，形成鲜明的"蓝迪工作法"，如形成了"行业大咖洞见+典型城市匹配+产业链主案例+核心学者主笔+机构统筹编审"的政产学研用相结合的项目制工作模式，形成了"数据分析为基+国别分析为要+落地建议为核+编审把关为规"的智库报告生产流程，同时，将逻辑框架法、SWOT 分析模型、SMART 原则等经典商业管理模型引入日常工作，刻意练习、熟练使用，不断提升团队效能。

三　有效协同的平台网络

我们充分发挥智库、城市、企业、国际、媒体五大网络的协同价值，形成了新型智库能力建设的典范案例。智库网络汇聚国内外智库、行业协会、企业等各领域专家学者，政府部门和专家型企业家的力量，充分发挥智力支持作用；城市网络助力地方经济社会高质量发展，为地方发展创新思想、集聚智慧、储备人才；企业网络关注"一带一路"相关产业和第四次工业革命相关的新兴技术及产业发展之需，促进政策落地和成果转化；国际网络打造更多元的中外交流平台，统筹国内外政党、政府、议会、智库、企业、行业协会、社会组织、媒体和国际多边机构；媒体网络着眼于媒体伙伴间的良性互动和有效合作，扩大智库对决策和社会的影响。

四　敏捷高效的人才机制

我们注重对年轻一代优秀人才的挖掘和培养。在智库秘书处，"80 后""90 后"已经担当主力。充分调动青年智库人才参与综合研究、资源整合、项目统筹、公共外交等实战场景，在人才储备、组织效能和课题创新上蹚出新路、注入活力。持续关注与培育卓越的团队，为新型应用型智库的可持续发展提供助力。一是重点关注和提升核心能力。作为新时代应用型智库的团队成员，必须有极高的政治素养和政治觉悟，极强的学习能力、分析解决问题能力、资源整合能力与项目管理能力；同时，还需要具有良好的沟通表达与团队协作能力、执行力和敬业精神。二是坚持实战练兵和授权成长，只有让团队在项目管理、活动组织、研究工作等重要活动中经受考验，他们才能够快速成长、独当一面。三是加强团队协作与资源整合，我们秉承"不求所有、但求所用"的原则，广泛而充分地调动各方资源，认真培养新时代的资源整合者，他们能够识别资源、组织资源、利用资源，并通过内部、外部的多维协作，凝聚力量，共创共赢。

蓝迪国际智库 2022 年展望

——面对时代的抉择

人类从未停止过文明探索的脚步。拨开历史的沉雾，我们发现，科学的根源可以追溯到古代的美索不达米亚和埃及、中国、古典时代的希腊和中世纪的中东地区。而科学革命恰恰是由于科学与社会的联合，哲学家、科学家与匠人的联合大大促进了科学的空前繁荣；借此，也引发了人类文明的转型和延展。今天，科学技术创新已成为时代发展的主题，当它与创新的思想、作为市场主体的企业和社会广泛密切对接，又必将引发新一轮的变革大潮。未来的发展因为战争、灾难、冲突等变得更加扑朔迷离，但人类向往和平、追求美好、创造幸福的理想一刻也未曾流失，途程虽然艰险，但未来必然更加光明！

面对时代的抉择，中华民族已经昂首阔步在实现伟大复兴梦想的第二个百年奋斗征程中，"路漫漫其修远兮，吾将上下而求索"，面对时代，我们的抉择也必然是求索图强。蓝迪作为国际性智库，根据国家需要和形势变化，继续探索具有中国特色的高质量、可持续发展新型智库之路，一如既往秉持初心使命，追求卓越，追求一流。我们继续强化资源整合力度，打破资源边界，注重协同创新，紧盯国际国内发展大势，深度研究。我们继续加大创新力度，在进一步完善蓝迪服务模式的基础上，探索智库研究成果落地性实效性转化的保障机制，努力提升智库的决策影响力、国际影响力和社会影响力。我们继续创新平台思维，夯实服务内容与举措，在扩大平台企业基数和优化企业内涵的前提下，充分发挥平台优势，助力更多企业融入国际国内创新发展战略，寻求国家、地方政府、企业、平台合作共赢之路。在世界大变局之中，在中国高质量发展的新时代，我们必须高扬中国特色社会主义道路自信、理论自信、制度自信和文化自信的旗帜，学习借鉴国内外智库的成功经验，在吸纳中勇于创新，在探索中勇于创造，善于创新性发展、创造性转化。我们继续加强青年人才的培养，构建有利于青年人发挥作用和快速成长的平台，为智库的可持续发展提供人才保障。

编辑书稿时，我们还沉浸在春节的欢愉之中，还沉浸在冬奥会那惊艳的开幕式和闭幕式之中，我们一次次为各国健儿拼搏勇夺奖牌的画面所感动，为世界体育大家庭和谐欢庆的场景所感染，而当落笔之时，俄乌弥漫的硝烟进一步加剧了世界格局的分化，也为世界各国的发展带来了巨大的困难和障碍。因此，人类需要更智慧的思想去寻求解决问题的路径，这又让我们更深刻地感受到构建人类命运共同体这一理念的远见与卓识！

相信，未来一定会更美好！

附录一
蓝迪合作省市招商政策摘录

　　蓝迪国际智库致力于做新技术、新产业的推动者，充分发挥智库功能，通过市场洞察发现产业演进的趋势和规律，识别产业发展的衍生逻辑，构筑政府、企业、市场合作平台，找到契合借力发展以及弯道超越的机会和路径。蓝迪国际智库通过在国内各个重要节点城市组织召开"蓝迪国际智库高级咨询会""新科技产业发展讨论会""重大项目/技术研讨会"等品牌会议，探寻城市产业发展需求，分析产业规划合理性，"挖掘、培育、推介"城市优质企业，助力城市优化招商政策、营商环境和产业布局。

　　蓝迪国际智库在致力于为平台企业提供系统的政策引导的同时，将国家"十四五"规划以及各级地方政府规划、有关部委的产业规划和专项规划等融会贯通，形成对企业发展的前瞻性引导和项目依据。蓝迪国际智库通过与国家发改委、工信部、财政部、商务部等国家部委以及中国社会科学院、中国科学院等研究机构的合作，获得准确的国家发展动态信息，不断地引导平台企业融入国家和地方的发展规划，为地方经济获取相关政策支持。

　　蓝迪国际智库利用多年积累形成的政府、企业、国际和研究网络体系，将优质的产业、企业资源与地方政府资源对接起来，积极促进产业导入，从而形成资源集聚和促进发展的双重效应，创造新的空间价值。为此，我们筛选并梳理了 2021 年蓝迪国际智库与重点合作省市（粤澳深度合作区、青岛、宁波、嘉兴、海南、保定、湘潭、苏州、青海、广西）的特殊招商政策内容（具体以各地政府、相关机构的最新标准和解释为准），为企业经营决策提供有用参考，积极利用自身资源帮助企业解决发展问题，成功孵化更具发展前景的优质企业。

同时，蓝迪国际智库建立了强大的智库网络，汇聚各大行业知名专家，聚拢专家背后所代表的平台资源，为城市产业优化升级以及企业实现高质量发展建言献策并提供了系统的企业服务体系。蓝迪国际智库形成了完善的企业网络，截至 2021 年 12 月 31 日，梳理形成了涵盖 437 家基建类、制造业、信息技术、碳中和、大健康、农林牧渔矿冶、贸易、金融、教育、文旅等领域的企业及机构名录与合作平台。我们将其整理形成蓝迪国际智库专家委员会名单、蓝迪平台重点企业及机构名录，冀望能为投资者以及企业家提供有益参考。

粤澳深度合作区

为进一步落实国务院《横琴总体发展规划》《国务院关于横琴开发有关政策的批复》《粤澳合作框架协议》《中国（广东）自由贸易试验区总体方案》及相关文件精神和要求，加快广东自由贸易试验区珠海横琴片区建设，促进产业聚集发展，我们从《广东自贸试验区横琴片区产业培育和扶持暂行办法》[①] 及相关政策中梳理出企业落户等优惠政策，不断加强资本资产整合运作，着力更多

---

① 《广东自贸试验区横琴片区产业培育和扶持暂行办法的政策解读》，横琴粤澳深度合作区官网，http：//www.hengqin.gov.cn/macao_ zh_ hans/zwgk/zcjd/content/post_ 3043167.html。

引进金融机构，积极搭建金控平台，提升广东自由贸易试验区市场化运作水平，为横琴开发建设和企业发展提供更加有力的金融保障。以下内容摘自《广东自贸试验区横琴片区产业培育和扶持暂行办法》（珠横新办〔2015〕11 号）、《关于广东自贸试验区横琴片区产业培育和扶持暂行办法的补充规定》（珠横新办〔2017〕12 号）。

类 别	条 件	扶持标准
世界 500 强落户	1. 首次落户横琴 2. 承诺 5 年内不迁出	本部迁至横琴新区，给予 1000 万元；设立一级、二级子公司，分别给予 500 万元、100 万元
中国 500 强落户	1. 首次落户横琴 2. 承诺 5 年内不迁出	本部迁至横琴新区，给予 600 万元；设立一级、二级子公司，分别给予 200 万元、50 万元
银行业金融机构、银行业持牌专营机构、非银行金融机构、证券机构、基金管理公司、期货公司、金融保险机构、第三方支付、资产管理公司、经省级以上监管部门批准设立的交易中心（所）的法人机构	1. 经监管部门批准设立 2. 承诺 5 年内不迁出横琴新区，不减少法人机构的注册资本或者分支机构的运营资金，不改变在横琴的纳税义务	按其注册资本金或运营资金实际到位额度的 1% 给予一次性专项扶持，最高不超过 1000 万元；对一级、二级分支机构，按其注册资本金或运营资金实际到位额度的 1% 给予一次性专项扶持，最高不超过 300 万元
非金融支付服务机构、货币兑换公司、保险代理、保险经纪公司、融资性担保公司、小额贷款公司、融资租赁公司、互联网金融企业、农村资金互助会等	1. 经监管部门批准设立 2. 承诺 5 年内不迁出横琴新区	按注册资本金或运营资金实际到位额度的 1% 给予一次性专项扶持，最高不超过 200 万元
国际物流、贸易、结算运营中心	1. 在横琴设立 2. 承诺 5 年内不迁出 3. 首次年度海外结算营业收入折合超过 1 亿元	一次性 100 万元

续表

类　别	条　件	扶持标准
电商企业	1. 落户横琴自贸试验片区 2. 营业收入超过 10 亿元	一次性 200 万元
公共服务平台	科研院所、企业研发、建设开放技术类的公共服务平台，设立技术开发、技术推广、技术咨询、产品设计、设备与产品测试等服务机构	按平台建设所需总费用的 10% 给予平台投资者一次性奖励，最高奖励金额不超过 100 万元

青　岛

青岛市北区

为促进市北区经济高质量发展，推动创新中心核心区产业全面突破、聚势而强，结合市北区"五大赛场、十七条赛道"的产业定位和发展需求，青岛市北区人民政府于 2021 年 9 月出台了《青岛市市北区支持产业发展集成政策》。以下内容摘自该文件。

一　经济发展贡献奖励

（一）招商引资贡献奖励

对我区新引进且符合我区产业发展方向的企业或机构，自注册之日起五年内，依据其区级社会经济贡献予以奖励。对年度区级社会经济贡献 100 万元以下、50 万元（含）以上的，按照其实现区级社会经济贡献的 50% 予以奖励；对年度区级社会经济贡献 200 万元以下、100 万元（含）以上的，按照其实现区级社会经济贡献的

70%予以奖励；对年度区级社会经济贡献 200 万元（含）以上的，按照其实现区级社会经济贡献的 80%予以奖励。

（二）办公场所补助

对符合第一条奖励标准的企业或机构，在我区新购置自用办公用房达到 500 平方米（含）的，根据其实际使用面积，按照每平方米 1000 元的标准给予补贴，最高不超过 2000 万元，分三年按照 30%、30%、40%的比例兑现到位；在区内租赁自用办公用房超过 500 平方米（含）的，给予 3~5 年房租补助。购置补贴与房租补贴政策不可重复享受。购置补贴政策最多可享受一次。对同时申请社会经济贡献奖励和办公场所补助的企业或机构，其社会经济贡献奖励应当扣除当年度享受的办公场所补助后按原比例进行奖励。

（三）投融资政策

对在我区注册且获得创投风投机构 5000 万元以上投资的企业或机构，经认定后可按照机构投资额的 2%给予被投资企业或机构资金支持，每家最高不超过 200 万元。

（四）企业高管及骨干人才政策

对我区新引进的企业或机构，自注册之日起五年内，年度区级社会经济贡献达到 50 万元的，当年度可给予其高管或骨干人才（限 10 人以内且年薪不低于 30 万元）个人年度实现区级社会经济贡献部分 100%的奖励。

（五）一次性税源政策

对从区外引进的区级社会经济贡献 50 万元以上的一次性税源，50 万元（含）~300 万元的部分，按照区级社会经济贡献的 60%予以奖励；300 万元（含）~500 万元的部分，按照区级社会经济贡献的 80% 予以奖励；500 万元（含）以上的部分，按照区级社会经济贡献的 90% 予以奖励。对于引进一次性税源区级社会经济贡献超过 500 万元的，按照项目奖励资金的 5% 一次性奖励给项目中介人，最高奖励 50 万元，奖励资金通过项目方兑现。

（六）新引进内资项目引荐方奖励

内资项目总投资额达到 1 亿元及以上，年实际形成固定资产投资达到 5000 万元及以上的，以固定资产投资额的 0.6% 对引荐方进行奖励；没有形成固定资产投资，年注册资本金实际到账达到 5000 万元及以上的，按实际到账资金的 0.1% 对引荐方进行奖励。对引进境内世界 500 强企业投资项目的，按年实际到账资金的 1.5 倍系数对引荐方进行奖励。总投资 1 亿元及以上 10 亿元以下的，最高奖励 100 万元。总投资 10 亿元及以上 30 亿元以下的，最高奖励 200 万元。总投资 30 亿元及以上 50 亿元以下的，最高奖励 300 万元。总投资 50 亿元及以上的，最高奖励 500 万元。

（七）高成长性企业奖励

（1）年度区级主要社会经济贡献达到 50 万元（含）且同比增长超过 10%（含）以上的存量企业［同比基数需达到 50 万元（含）以上］，给予其当年度实现区级主要社会经济贡献较上年度增量部分分档扶持奖励，增幅达到 10%（含）～20%，按照此增量部分区级主要社会经济贡献的 20% 予以扶持奖励；增幅达到 20%（含）～30%，按照增量部分的 30% 予以扶持奖励；增幅达到 30%（含）～40%，按照增量部分的 40% 予以扶持奖励；增幅达到 40%（含）以上，按照增量部分的 50% 予以扶持奖励。

（2）对在市北区注册，年度区级社会经济贡献不低于 200 万元且同比保持正增长的存量企业或机构的高管或骨干人才（年薪不低于 20 万元），按其年度实现区级社会经济贡献的 80% 予以奖励。每家企业每年度不超过 5 人。

二　外向型经济发展政策

（八）支持货物贸易增量提质

对年交易额 50 亿元以上并比上年度实现增速不低于 15% 的区内限上纳统贸易企业，奖励企业主要经营者 10 万元。对年外贸进出口额 3 亿美元以上的国际大宗贸易企业，奖励企业主要经营者 10 万元。对当年进出口额 1000 万美元以上 1 亿美元以下企业，每增长 200 万美元奖励 4 万元；最高不超过 50 万元。对当年进出口额超过 1 亿美元、5 亿美元的企业分别奖励 50 万元、100 万元，同比下降不超过 10% 的按 10% 递减给予奖励，同比下降超过 10%、不超过 20% 的按 20% 递减给予奖励，下降超过 20% 的不予奖励，每增长 200 万美元奖励 4 万元；最高不超过 300 万元。

（九）支持发展外贸新业态

支持发展跨境电商业务。对当年通过跨境电商 9610、9710、9810 等方式通关的企业，年进出口总额 1000 万美元（含）~5000 万美元部分，每 1000 万美元奖励 20 万元，5000 万美元（含）~1 亿美元部分，每 1000 万美元奖励 30 万元，1 亿美元（含）以上部分，每 1000 万美元奖励 40 万元，不足 1000 万美元部分不予奖励。每个企业最高奖励不超过 400 万元。

支持公共海外仓建设及运营。经认定为省级及以上跨境电商公共海外仓的企业，根据当年建设费用或租金费用给予 50% 以内的一次性资金扶持，最高不超过 50 万元。支持发展跨境新零售业务。经海关和商务部门认定的青岛全球新消费体验中心、面积达到 500 平方米（含）以上、限上年营业额达到 500 万元（含）的，按照租赁面积给予体验中心 1 元/平方米/天的补助，营业额每增加 500 万元，补贴 10 万元，全年扶持资金不超过 200 万元。

支持建设跨境电商海关监管场所。企业投资建设并投入使用的跨境电商海关监管查验场所，对其建设和配备的查验等通关公用设备，按照实际投资额的 50% 给予一次性补助，最高补助 300 万元。

支持发展中日韩海上航线。企业利用新金桥航线开展 9610、9710、9810 进出口业务，且纳入我区进出口统计的按每标准箱 800 元运费补贴，每个企业年扶持资金不超过 50 万元。

（十）支持发展服务贸易

对当年服务贸易额比上年度实现增速不低于 3% 的企业进行奖励，企业每实现服务贸易额 1000 万美元，奖励 2 万元；对当年服务贸易额 5000 万美元以上的奖励 10 万元，在此基础上，企业服务贸易额每提高 1000 万美元，增加奖励 2 万元；每个企业最高奖励 50 万元。

当年离岸服务外包执行额 100 万美元以上且正增长的企业，每满 50 万美元奖励 1 万元，最高 10 万元。对新获评市级及以上服务贸易（外包）示范园区等称号的园区运营管理方，一次性给予 100 万元奖励。

（十一）引进外资奖励

对年实际到账外资金额 5000 万美元及以上的新项目、3000 万美元及以上的增资项目和 1000 万美元及以上的跨国公司总部或地区总部，按其当年实际到账外资金额 0.2% 的比例予以奖励，最高奖励 2000 万元。同时帮助企业申请市级到账外资金额 2% 的奖励政策。对年实际到账外资金额 500 万美元（含）~5000 万美元的新项目、500 万美元（含）~3000 万美元的增资项目和 500 万美元（含）~1000 万美元的世界 500 强投资项目或跨国公司总部、地区总部，按其当年实际到账外资金额 1% 的比例予以奖励，房地产企业和金融业企业除外。

对世界 500 强企业、全球行业龙头企业新设（或增资设立）年实际到账外资金额超过 1 亿美元的制造业项目，以及新设年实际到账外资金额不低于 3000 万美元的新一代信息技术、智能装备、生物医药、新能源、新材料等先进制造业项目，按其当年实际到账外资金额 0.2% 的比例予以奖励。同时帮助企业申请市"一项目一议"的奖励政策。

（十二）新引进外资项目引荐方奖励

对新引进外资项目引荐方，引进合同外资 1000 万美元及以上，年到账 500 万美元（含）~3000 万美元、3000 万美元（含）~1 亿美元、1 亿美元（含）及以上的，分别按到账资金的 0.7%、0.8%、1% 给予奖励，最高奖励 2000 万元。引进境外世界 500 强项目，按年实际到账资金的 2 倍系数对引荐方进行奖励，对引进的境外世界 500 强企业直接投资项目合同外资或者年实际到账外资金额达不到以上奖励标准的，对引荐方一次性给予 100 万元奖励。以上奖励资金均含市级奖励。

（十三）支持时尚商业发展

设立时尚品牌旗舰店、专卖店或区域首店等新模式新业态并具有较大品牌知名度的法人公司项目，其经营面积达到 300 平方米以上的，按每平方米 200 元给予经营方或载体方奖励，最高不超过 20 万元。支持企业发展网络直播和销售业务，每年实现网络销售额 1000 万元以上且纳统，一次性奖励 10 万元。新设免税店面积达到 1000 平方米以上的，一次性给予 100 万元开办费补贴。

三 新金融中心扶持政策

（十四）创投风投机构奖励政策

（1）对天使投资基金、创业投资基金和私募股权基金实缴资金达到 2 亿元及以上的，实缴资金或实收资本扣除政府性出资后，按照 1% 给予奖励，最高 5000 万元。

（2）对天使投资基金、创业投资基金和私募股权基金以股权投资方式投资我区实体企业的，投资总额扣除政府性出资后，按照 1% 给予奖励。

（十五）金融科技机构奖励政策

（1）对国家金融监管部门及相应的协会、附属机构在市北区新设立或迁入的金融科技研发、运营、测评、标准认定等法人机构，给予 300 万元一次性落户补助。

（2）金融机构总部新设立或迁入金融科技子公司，并且在市北区缴纳税收的，按照实缴注册资本的 2% 给予一次性落户补助，最高不超过 500 万元。

（3）对新引进的获得 B 轮及以上风险投资、估值在 5 亿元以上的金融科技企业，按照实缴注册资本的 2% 给予一次性落户补助，最高不超过 300 万元。

（十六）上市挂牌企业奖励政策

对境内外首发上市企业给予最高 1000 万元补助（含市级补助）。对上市企业家给予最高 200 万元奖励。企业完成上市后，以企业上市前两年区级主要社会经济贡献的 100%、后三年区级主要社会经济贡献的 50% 给予奖励。对实现"买壳"上市、在新三板精选层挂牌并公开发行的企业给予一定奖励。

青岛上合示范区

2019 年 10 月 28 日，商务部正式发布了《中国—上海合作组织地方经贸合作示范区建设总体方案》（以下简称《方案》）。[①]《方案》明确提出了青岛上合示范区的近期目标——立足与上合组织国家相关城市间交流合作，通过建设区域物流中心、现代贸易中心、双向投资合作中心和商旅文交流发展中心，打造上合组织国家面向亚太市场的"出海口"，形成与上合组织国家相关城市交流合作集聚的示范区。

《方案》提出了四大重点任务，即打造四大中心，第一是建设区域物流中心，第二是建设现代贸易中心，第三是建设双向投资合作中心，第四是建设商旅文交流发展中心。其中，建设现代贸易中心明确提出，青岛上合示范区将拓展货物贸易合作，发展跨境电商，推进服务贸易合作，搭建国际贸易发展平台，推动贸易服务便利化等诸多具体要求。

---

① 《中国—上海合作组织地方经贸合作示范区建设总体方案》，国家商务部官网，http：//images. mofcom. gov. cn/oys/201910/20191028118051570. pdf。

与此同时，《方案》还提出，中远期目标是努力把青岛上合示范区建成与上合组织国家相关地方间双向投资贸易制度创新的试验区、企业创业兴业的聚集区、"一带一路"地方经贸合作的先行区，打造新时代对外开放新高地。

除了以上四大任务之外，上合示范区还需要主动与中央有关部委做好沟通，需要大力争取以下 12 条政策（出自蓝迪国际智库撰写的《关于建设中国—上海合作组织地方经贸合作示范区的研究报告》）。

第一条 凡是上合组织各成员国、观察员国、对话伙伴国以及"一带一路"共建国家和地区人员，来上合示范区工作，不管是外资企业还是中资企业，境外人士可按 15% 税率缴纳个人所得税。

第二条 凡是上合组织各成员国、观察员国、对话伙伴国以及"一带一路"共建国家和地区人员，他们的国际贸易、物流服务、多式联运、跨境电商、商务服务等现代服务企业在上合示范区注册发展所得利润，可按 15% 税率缴纳企业所得税。

第三条 在上合示范区内，新设立一个 5~15 平方公里的综合保税区，发展一般进出口贸易、转口贸易、离岸贸易、服务贸易、跨境电商贸易和数字贸易等六大贸易。

第四条 在上合组织各成员国、观察员国、对话伙伴国境内的保税区或者上合示范区内，允许面向"一带一路"共建国家和地区开展离岸贸易。

第五条 建设中国北方最大的免税店，对境外人士免税，对中国居民通过跨境电子商务进行的交易同样免税，共享全球贸易实惠。给予青岛上合示范区更大的免税额度，比如 100 亿美元或 200 亿美元。

第六条　在上合示范区设立跨境人民币结算交易市场，简化人民币结算的办理流程，推动跨境人民币结算。

第七条　建立离岸外汇市场，开设自由贸易账户，实现"一带一路"共建国家和地区之间的外汇自由兑换。

第八条　在上合示范区内探索开展合规的跨境金融行为，发展跨境发债、跨境并购、跨境资金结算、跨境外汇人民币的轧差兑换等金融业务。

第九条　建立外国人在上合示范区内工作许可制度和人才签证制度。允许境外有执业资格的金融、建筑、规划、设计等专业人才经备案后，在上合示范区内工作服务，其在境外的从业经历可视同国内的从业经历。

第十条　围绕投资、贸易自由，放开原来限制的领域，比如电信通信、保险、证券、技术服务、教育卫生、医疗保健、文化服务等领域，扩大对外开放。

第十一条　青岛胶东国际机场获批利用第五航权，面向"一带一路"共建国家和地区增设国际航线，扩大货运量和客运量。

第十二条　面向"一带一路"共建国家和地区，开展数字贸易，发展数字经济。

青岛上合示范区的建设工作应紧紧围绕统筹推进"五位一体"总体布局和协调推进"四个全面"战略布局，服务国家对外工作大局，强化地方使命担当，力争在国家开放新格局中发挥更大作用。

宁 波

2022 年 2 月，由宁波市科技局研究制定的《宁波市科技惠企政策十条》正式发布。[①] 十条惠企政策包括支持企业加强研发投入、支持高新技术企业发展壮大、落实技术转让等税收优惠政策、支持企业创新平台建设、鼓励企业承担重大科技项目、落实企业引进创新人才补助政策、加强企业自主创新产品推广应用、加大企业科技金融支持、落实科技创新券支持政策、支持企业开展国际科技合作。以下内容摘自《宁波市科技惠企政策十条》。

（一）支持企业加强研发投入

落实企业研发费用税收优惠政策。企业开展研发活动中实际发生的研发费用，未形成无形资产计入当期损益的，在按规定据实扣除的基础上，再按照实际发生额的 75% 在税前加计扣除；形成无形资产的，按照无形资产成本的 175% 在税前摊销。制造业企业研发费用加计扣除比例由 75% 提高到 100%。科技型中小企业研发费用加计扣除比例按国家有关规定执行。修订企业研发后补助政策，对符合条件的企业按研发投入增量部分（含首次有研发投入的企业），给予一定补助。

（二）支持高新技术企业发展壮大

落实高新技术企业所得税优惠政策。对认定为高新技术企业的，减按 15% 的税率征收企业所得税。落实高新技术企业奖补政

[①]《宁波市科技惠企政策十条》，宁波市人民政府官网，http://www.ningbo.gov.cn/art/2022/2/13/art_ 1229096002_ 1734307. html。

策，对首次通过认定的高新技术企业，给予一次性不超过 20 万元奖励；已享受过技术先进型服务企业首次认定奖励的，不予奖励。对重新通过认定的高新技术企业，给予一次性不超过 10 万元奖励。对政策支持年度整体搬迁至我市并确认证书资格有效的高新技术企业，视同首次通过认定给予一次性不超过 20 万元奖励。

（三）落实技术转让等税收优惠政策

纳税人提供技术转让、技术开发和与之相关的技术咨询、技术服务免征增值税。一个纳税年度内，居民企业符合条件的技术转让所得不超过 500 万元的部分，免征企业所得税；超过 500 万元的部分，减半征收企业所得税。

（四）支持企业创新平台建设

支持领军企业牵头，整合产业链上下游优势创新资源，积极创建各级技术创新中心。对列入国家技术创新中心的，按"一事一议"方式给予建设支持；对新获批列入省级技术创新中心的，建设期内市、县两级合计补助经费不低于省级财政补助经费的 2 倍；对已获得"一事一议"市级财政资金支持的产业技术研究院、企业研究院为主要依托建设单位，牵头建设省技术创新中心的，市财政资金按从高不重复原则予以支持。对认定为国家企业技术中心、省级重点企业研究院的，分别给予最高 600 万元、500 万元的经费支持；对于企业建设省级以上重点实验室，参照省级重点企业研究院政策给予补助。

（五）鼓励企业承担重大科技项目

支持企业积极申报前沿技术攻关、产业链关键核心技术攻关、应用场景计划等重大科技计划项目，每个项目给予最高不超过

1000 万元的支持。鼓励行业龙头企业牵头组建创新联合体，对认定为市级创新联合体的，其拟攻关的项目，经专家论证，列入市重点技术研发专项，给予财政科技资金支持，创新联合体研发项目不纳入市级申报限项。

（六）落实企业引进创新人才补助政策

通过宁波申报入选省领军型创新创业团队的，按入选等次，给予 1000 万元、500 万元项目资助，对于未明确入选等次的创业团队，给予 500 万元项目资助。资助经费由省市县三级共同承担、专项支持，除省级资助经费外，不足部分由市县两级财政补足。入选省"万人计划"的杰出人才、科技创新领军人才、科技创业领军人才分别给予 100 万元、80 万元、80 万元项目资助。加大青年科技人才支持力度，入选市青年科技创新领军人才创新研究项目的，最高给予 50 万元的直接资助；入选市青年博士创新研究项目的，最高给予 20 万元的直接资助；入选市外籍青年科技人才项目的，根据人才协议期内、正式签订劳动合同前在甬实际工作月数（以出入境记录为准），按 2 万元/月标准给予人才生活津贴，最长不超过 12 个月，由工作单位代为发放。对我市引进"海外工程师"的企业实行年薪资助，资助金额按"海外工程师"聘用年薪，分 50 万元（含）～70 万元、70 万元（含）～100 万元、100 万元（含）～150 万元、150 万元（含）～200 万元、200 万元及以上 5 个区间，由市本级财政分别按每人 10 万元、20 万元、30 万元、40 万元、50 万元的标准，对企业给予资助。对于税收隶属关系在区县（市）、重点开发园区的企业，区县（市）、重点开发园区财政按照市本级财政资助标准给予 1：1 支持。

（七）加强企业自主创新产品推广应用

对列入宁波重点自主创新产品推荐目录的产品自列入之日起 2 年内视同已具备相应工程或销售业绩。符合相应推荐的产品，允许国有投资项目建设单位和政府采购实施单位实施直接发包或单一来源采购。

（八）加大企业科技金融支持

加大天使投资引导基金对创新型初创企业支持力度。对企业每次投资额最高可达 300 万元，对同一家企业的累计投资额最高可达 600 万元。加强科技信贷，创新型初创企业可向所在地科技支行申请科技信贷风险池贷款，银行贷款利率上浮幅度原则上不高于同期基准利率的 30%，单笔贷款额度不超过 300 万元，单家企业累计贷款额度不超过 500 万元。对纳入全市科创板拟上市企业储备库的科技创新企业，依据企业规模、创新能力和成长性等指标，给予最高不超过 100 万元的一次性补助，主要用于专用仪器设备购置、直接消耗的原材料投入、研发人员工资薪金等研发费用支出。

（九）落实科技创新券支持政策

企业和创客（或创客团队）根据自身发展实际，酌情自主申领科技创新券。同一年度内，企业申领不超过 10 万元，创客（或创客团队）申领总额最高为 5 万元。

（十）支持企业开展国际科技合作

对承担国际科技合作基础研究类项目符合条件的企业，按规定给予最高 100 万元直接补助，承担国际科技合作应用研究类项目符合条件的企业，按规定给予最高 500 万元直接补助。同等条件下对与中东欧国家相关机构合作、依托国际科技合作基地开展的项目给予重点支持。对入选科技部国际科技合作基地、国家引智基地以及同类称号的，一次性奖励 100 万元。

嘉　兴

新冠肺炎疫情对经济造成了较大冲击，很多市场主体面临前所未有的压力，特别是中小微企业、个体工商户的发展问题牵动人心。为进一步加大惠企帮扶力度、持续激发市场主体活力、提振市场主体信心、促进企业稳定健康发展，2022 年，嘉兴市人民政府召开了惠企纾困帮扶政策新闻发布会并发布了《关于进一步加大惠企纾困帮扶力度的若干意见》（以下简称《意见》）的政策文件。[①]《意见》的制定遵循迭代升级、精准高效、提质扩面三大原则，重点突出企业获得感，共有 4 个方面 26 条政策。

一　精准扶持，助推三次产业高质量发展

（一）加大技术改造扶持力度

对于生产性投入不低于 3000 万元的工业技术改造投资项目，按照竞争性分配原则，根据项目智能化程度、行业示范性、绩效评价等综合评价结果进行分类分档，最高给予 2000 万元补助。对于信息化投入不低于 100 万元的纯数字化技术改造项目，经验收合格，给予信息化投入 20% 的补助，最高限额 300 万元。

[①] 《关于进一步加大惠企纾困帮扶力度的若干意见》，嘉兴市人民政府官网，http：//www.jiaxing.gov.cn/art/2022/1/18/art_ 1229426373_ 2389857. html。

（二）鼓励首台（套）创新

对经认定的国际、国内、省内、市内首台（套）装备，分档给予 200 万元、150 万元、50 万元和 20 万元的奖励。

（三）鼓励开展节能减碳技术改造

设备投资额不低于 300 万元，经有资质的第三方检测机构认定：节能项目年节能量达到 200 吨标准煤（等价值）以上或二氧化碳年减排量达到 400 吨以上、节水项目年节水量达到 2 万吨以上、资源综合利用项目废弃物综合利用率达到 30% 以上的，给予设备投资额 10% 的补助，最高限额 400 万元。对列入省、市级重点节能减碳技术改造示范项目的，给予设备投资额 10% 的补助，最高限额分别为 800 万元、600 万元。根据各地当年度 5000 吨标准煤以上企业实际腾退减少用能，对地方财政按不高于 400 元/吨标准煤进行补助，统筹用于高耗低效企业腾退。

（四）支持企业建立技术（创新）中心

对经认定的国家级、省级、市级制造业企业技术中心分别给予 150 万元、50 万元、20 万元的奖励。对经认定的国家级、省级制造业创新中心分别给予 150 万元、100 万元的奖励。

（五）加强新建制造业项目生活服务用地保障

对新建制造业项目的职工公寓、员工宿舍和生活服务方面的用地，允许在供给工业用地中按不超过 7% 的比例建设生产服务、行政办公、生活服务等配套服务设施，属于战略性新兴产业的，比例可提高至 15%；属于创新型产业用地（M0）的，比例可提高至 20%。

（六）支持建筑业企业发展

对独立纳税且年产值超过 100 亿元、50 亿元的建筑业企业，分别给予 100 万元、50 万元的一次性奖励。

（七）鼓励工业企业主辅分离

鼓励工业企业将内部的物流运输、投资服务、批零贸易、科技信息等非主营业务分离，实现月度上规的法人企业，给予一次性奖励 10 万元，其中科技、信息、检验检测、软件设计等知识密集型法人企业再奖励 10 万元。对实施主辅分离且不新增企业用地的，可在考核年度亩产税收指标时，将分离出的服务业企业税收计入制造端企业的税收。

（八）支持服务业企业规模上台阶

对年营业收入首次超过 50 亿元、30 亿元、20 亿元、10 亿元、5 亿元且实现税收的服务业企业，分别给予 50 万元、30 万元、20 万元、10 万元、5 万元的奖励。

（九）吸引知识密集型服务业企业落户

对于新注册的科技、信息、金融、商务四类知识密集型服务业法人企业且实现当年月度、年度上规的企业，分别给予一次性奖励 20 万元、10 万元。

（十）降低物流业成本

重点支持企业新开辟国际航线、内河集装箱班轮、散改集等业务，嘉兴港集装箱海河联运补助标准提高至 130 元/标箱。

（十一）促进文旅餐饮消费

2022 年我市（机关、事业单位、国企）疗休养延续疫情期间政策。对 5A、4A、3A、2A 级旅游景区分别给予 20 万元、15 万元、8 万元、3 万元的补助，对品质旅行社给予 6 万元的补助，对旅游饭店给予最高 20 万元的补助。对限额以上餐饮单位，开展信息化智能化改造的给予最高 50 万元补助，获得市级行业评比荣誉称号的，给予最高 5 万元的奖励。

（十二）支持农业主体发展

对农业龙头企业、规范化农民专业合作社在数字经济、环保和安全生产等方面实施的技术改造项目，按设备投资额的 30% 给予一次性补助，其中对设备投资额在 30 万元以上的项目，补助金额最高不超过 150 万元。

二　开拓市场，构建国内国际循环新格局

（十三）支持企业拓展市场

支持企业参加国内外各类展会，按照参展补助政策给予摊位费补助，因疫情参展单位人员无法出境、委托他人代参展的，按现行展会补助标准给予补助。鼓励企业建立境外营销网络，对企业入驻境外展销中心进行长期展销的，最高给予展销费用 50% 的补助，单家企业每年同一展销补助不超过 10 万元，总补助金额不超过 50 万元。

（十四）开拓跨境电商业务

对在亚马逊、速卖通、eBay、Wish 等知名第三方跨境电商平台新开设店铺的企业，正常经营满一年、年跨境网上交易额达到 10 万美元以上的，给予一次性补助 2 万元，最高不超过 20 万元。支持企业自建独立跨境电商平台开拓跨境业务，对于自建一级域名的跨境电商 B2B、B2C 平台，运营满 1 年，跨境电商销售额达到 50 万元以上的，给予一次性补助 5 万元，最高不超过 20 万元。

（十五）加大出口风险化解

对外贸企业因疫情、自然灾害等不可抗力影响，导致无法如期履行或不能履行国际贸易合同的，由市贸促会提供不可抗力相关事实性证明，指导帮助企业依法提出延长合同履行期等主张，争取免除或减轻违约责任。进一步扩大中小外贸企业出口信保覆盖面，加强"信步天下"等数字平台的推广应用，帮助外贸企业获得快捷便利的专业化服务。对符合条件的中小企业保费降幅不低于 10%，对中小企业调查海外客户的资信报告费从 800 元下调至 700 元。

（十六）提档加速出口退税

切实加大服务贸易企业纾困帮扶力度，确保退税款及时到账，缩短资金回流周期，力争出口退税再提速 40%，办理时间缩短为 3 个工作日。

三　叠加优势，加大资源要素配置力度

（十七）加强能源安全稳定供应

科学实施有序用电，合理安排错峰用电，保障企业能源安全稳定供应。在不影响电网安全运行情况下，不满 1 千伏用电电压等级的工商业用户不纳入有序用电企业名单。推动产业链龙头企业梳理上下游重点企业名单，保障产业链关键环节企业用电需求，维护产业链供应链安全稳定，防范订单违约风险。

（十八）降低中小微企业融资成本

用好国家开发银行浙江省分行和中国进出口银行浙江省分行 39 亿元支持小微企业转贷额度和中国农业发展银行浙江省分

行 16 亿元支农转贷额度。向上争取再贷款额度 180 亿元，推动碳减排支持工具和煤炭清洁高效利用专项再贷款 15 亿元落地生效，推动企业综合融资成本稳中有降、金融继续向实体经济让利。

（十九）落实配套贴息及税收政策

对于运用央行支持小微企业再贷款新发放的企业贷款，给予符合条件的企业最高 50% 的贴息。对金融机构向小型企业、微型企业和个体工商户发放小额贷款取得的利息收入，免征增值税。落实金融企业对中小企业贷款损失准备金企业所得税税前扣除政策，鼓励金融企业多为中小微企业发放贷款。

（二十）提高中小微企业融资可得性

推动政府性融资担保业务增量扩面，2022 年末在保余额突破 150 亿元，在保户数突破 8000 户，其中科技企业在保余额占比达到 20%，制造业企业在保余额占比达到 90%。

（二十一）阶段性下调部分费率

按规定继续实施阶段性降低工伤保险和失业保险费率政策，继续实施残疾人就业保障金、教育费附加、地方教育附加、文化事业建设费优惠政策。

（二十二）落实普惠性税收减免政策

对增值税小规模纳税人在 50% 的税额幅度内减征资源税、城市维护建设税、房产税、城镇土地使用税、印花税（不含证券交易印花税）、耕地占用税。纳税人在纳税年度内预缴企业所得税税款超过汇算清缴应纳税款的，主管税务机关应及时按有关规定办理退税。

（二十三）落实税收优惠政策

对小型微利企业年应纳税所得额不超过 100 万元的部分，减按 12.5%计入应纳税所得额，按 20%的税率缴纳企业所得税，对个体工商户经营所得年应纳税所得额不超过 100 万元的部分，在现行优惠政策基础上，再减半征收个人所得税。落实高新技术企业所得税优惠政策，享受企业所得税 15%税率优惠。落实一般行业增值税增量留抵退税政策，符合条件的纳税人，可以按 60%的比例申请退还增量留抵税额。落实对月销售额 15 万元以下的增值税小规模纳税人免征增值税政策。

四 加大力度，助推一季度经济平稳开局

（二十四）支持工业企业稳产增产

在企业安全生产和有序经营的前提下，鼓励订单充足的企业制订春节错避峰放假和调休计划，加快企业生产发展。对 2021 年新上规的工业企业，2022 年一季度产值较 2021 年最高季产值有增量的，产值每增加 1000 万元，给予企业奖励 2 万元，每家企业最高奖励 10 万元。对 2021 年产值超过 1 亿元的工业企业，2022 年一季度工业产值不低于上年最高两季均值的，给予一次性奖励 5 万元；在上年最高两季均值的基础上每同比增长 10%的奖励 5 万元，每家企业最高奖励 20 万元。

（二十五）支持第三产业加快发展

对 2022 年一季度新上规服务业企业每家奖励 5 万元。对 2022 年一季度营业收入同比增长 10%以上的规上服务业企业，按增速取前 20 名，每家企业奖励 20 万元，支持对象为 2021 年度营业收

入超过一定额度的服务业企业：批发业 20 亿元，零售业 4 亿元，物流业、科技服务业 1 亿元，信息服务业 5000 万元，商务服务业 5000 万元（其中人力资源企业需达到 1 亿元），住宿业和餐饮业 2000 万元（各奖 10 家）；不含国有及国有控股企业，每行业同一集团最多奖励 1 家。

（二十六）开展各类促消费活动

鼓励各地适度发放消费券，其中对南湖区、秀洲区和嘉兴经济技术开发区（国际商务区）发放的消费券，按各区实际使用额度，给予不超过 20% 的补助，补助金额最高不超过 600 万元。

上年度能耗"双控"考核不达标的重点用能企业、企业综合绩效评价结果为 D 类的企业、严重违法的企业不予享受上述优惠政策。本意见的操作细则，由相应行业主管部门出台并负责解释，与原有政策冲突的，按"就高不重复"原则执行。涉及财政支持的，市本级由市、区两级各承担 50%，各县（市）、嘉兴港区由当地财政全额承担。

《意见》自 2022 年 1 月 1 日起施行，有效期至 2022 年 12 月 31 日。

海　南

2021 年 6 月，财政部、国家税务总局发布《关于海南自由贸易港企业所得税优惠政策的通知》，为海南自贸港企业带来丰厚的优惠政策。根据《中华人民共和国海南自由贸易港法》、《海南自由贸易港建设总体方案》及后续细化政策，企业所得税优惠政策主要包括以下三大类。①

其一，对注册在海南自贸港并实质性运营的鼓励类产业企业，减按 15% 的税率征收企业所得税（以下简称"15% 税率"）。

这里的鼓励类产业企业是指以海南自贸港鼓励类产业目录中规定的产业项目为主营业务，且其主营业务收入占企业收入总额 60% 以上的企业。所谓实质性运营是指企业的实际管理机构设在海南自贸港，并对企业生产经营、人员、账务、财产等实施实质性全面管理和控制。不符合实质性运营的企业不得享受优惠。

对总机构设在海南自贸港的符合条件的企业，仅就其设在海南自贸港的总机构和分支机构的所得，适用 15% 税率；对总机构设在海南自贸港以外的企业，仅就其设在海南自贸港内的符合条件的分支机构的所得，适用 15% 税率。具体征管办法按照国家税务总局有关规定执行。

其二，对在海南自贸港设立的旅游业、现代服务业、高新技术产业企业新增境外直接投资取得的所得，免征企业所得税。

新增境外直接投资所得应当符合以下条件。

（1）从境外新设分支机构取得的营业利润；或从持股比例超过 20%（含）的境外子公司分回的，与新增境外直接投资相对应的股息所得。

（2）被投资国（地区）的企业所得税法定税率不低于 5%。

其三，对在海南自贸港设立的企业，新购置（含自建、自行开发）固定资产或无形资产，单位价值不超过 500 万元（含）的，

---

① 《海南自由贸易港税收优惠政策最新解读》，雪球网，https://xueqiu.com/7289558063/194298520。

允许一次性计入当期成本费用在计算应纳税所得额时扣除，不再分年度计算折旧和摊销；单位价值超过 500 万元的，可以缩短折旧、摊销年限或采取加速折旧、摊销的方法。以上税收优惠政策的有效期截至 2024 年 12 月 31 日。

涿 州

为贯彻落实河北省人民政府《关于支持科技型中小企业发展的实施意见》（冀政〔2013〕43 号）、《涿州市支持企业科技创新八条措施》①，增强企业创新能力，加快科技成果转化和产业化，进一步鼓励和促进企业科技创新，涿州市制定以下八条支持措施。

一 支持企业研发机构建设

鼓励和支持企业自建或共建企业研发机构，对新批准建立的院士工作站，市财政给予 20 万元的一次性奖励，院士主导的创新项目产业化之后，奖励院士本人 10 万元；对新认定的国家级、省级、设区市级工程技术研究中心、重点实验室、企业技术中心或工程实验室的企业，市财政分别给予 30 万元、20 万元和 10 万元的一次性奖励。对于同一企业（集团）内建立上述多个同类研发机构的，不重复享受本项扶持政策。

二 支持建立企业孵化器

对以科技型初创企业为服务对象，服务设施齐全、公共服务功

---

① 《关于印发涿州市支持企业科技创新八条措施的通知》（涿政发〔2017〕109 号）。

能完备的科技企业孵化器，根据孵化器建设规模、功能以及企业孵化培育的数量情况，经专家论证通过后，市财政给予20万元的资金支持。

三 支持企业申报、拥有自主知识产权

对重大科技项目中持有自主知识产权核心技术的企业，市财政给予5万元~10万元资金支持。对于国家标准主要撰写企业，市财政给予5万元~10万元支持。提高国际发明专利补助力度，对企业取得国际检索报告的PCT专利申请或取得相关国家受理文件和缴费凭证的《巴黎公约》发明专利申请，市财政每项补助1万元。适当提高国内专利补助标准，发明专利每项补助4000元，实用新型和外观专利每项补助2000元。

四 加快科技融资平台建设

鼓励和引导金融机构设立科技创新投融资平台，鼓励金融机构设立科技风险投资用于支持科技型中小微企业技术创新。市财政结合涿州市实际情况对市科技风险投资公司注入风险投资、保险保费资金，专项用于小微企业科技创新项目贷款。

五 鼓励发明创造和重大成果转化

对省级以上重大科技成果转化项目，市财政配套30万元；对国家级重点新产品项目，市财政配套30万元；对以发明专利为核心技术的设区市级以上项目，市财政给予10万元资金支持。

六 鼓励校（院、所）企合作与高端人才引进

鼓励涿州市企业与科研院所积极开展科技合作。对校、院企合作项目和高端人才独立创业的项目，优先予以支持。在涿州就业创业、具有研究生及以上学历或具有高级专业技术职称、在涿州无房的非本市户籍人员，政府为其提供一套人才公寓，3~5年周转期内免收租金。本人或家庭主要成员在涿州购房具备入住条件的或本人不在涿州就业创业的，政府收回公寓。周转期满，在涿州仍无自有住房的，可重新申请。申请人可依照涿州市保障性住房申请程序进行申请。

七 鼓励企业争创科技型企业

对新认定的国家级、省级"创新型企业"，分别奖励20万元、10万元；对新认定的"高新技术企业"，奖励5万元；对新认定的"科技型中小企业"和"小巨人"企业，优先支持其项目立项。

八 加强涿州市"双创"平台建设

结合实际情况，对保定市级以上认定的"众创空间""星创天地"项目予以鼓励支持，原则上不超过保定市级支持力度。

湘 潭

2020年2月28日，湘潭市商务局印发《湘潭市商务局关于积

极应对新冠肺炎疫情支持开放型经济企业稳定发展的若干措施》①的通知，从企业复工复产、招商引资工作、外经贸发展等方面出台16条"干货政策"，支持企业渡过难关。

一 支持企业复工复产

（1）深入推进《湘潭市商务局关于在疫情防控期间帮扶商务领域外向型经济骨干企业复工复产的工作方案》，加强横向协作、纵向联动，及时收集、汇总和上报企业在疫情防控期间复工复产的动态信息，协调解决企业存在的困难和问题。

（2）支持推荐重点外向型企业、生活必需品保供企业、商贸流通企业进入《国家（省）重点保障企业名单》，享受国家和省级金融政策支持；明确《市级重点保障企业名单》中"商务和开放型经济类"名单目录，协同市发改委、市工信局、市经金办、中国人民银行湘潭市中心支行、湘潭银监分局制定市级支持扶持政策，解决开放型经济企业融资难、融资贵问题，为企业有序复工复产、扩大生产提供资金保障。

（3）梳理出近期出台的中央、省、市各类惠企稳岗政策，加强政策宣传和分类指导，确保点面结合，支持重点开放型经济企业尽快复工复产；积极协调、多方筹集，为企业提供口罩等防疫物资；会同相关部门积极协调解决职工返岗、招工、原材料供应、物资运输、减免厂房租金等实际困难。

---

① 《湘潭市商务局关于积极应对新冠肺炎疫情支持开放型经济企业稳定发展的若干措施》，湘潭市雨湖区人民政府官网，http：//www.xtyh.gov.cn/2997/3657/3658/18260/content_820873.html。

二 加大招商引资力度

（4）积极创新招商引资模式，围绕湘潭市"1+4"特色产业和 17 条优势产业链"补链、延链、强链"，加强招商引资"两图、两库、两池"建设（即招商远景图、现状图、项目库、客户库、资金池、人才池建设），认真梳理在谈项目，通过互联网、电话、微信、邮件等方式加强项目对接洽谈，推进网上精准招商和"不见面招商"。

（5）积极应对疫情搞好防控，并努力完成 2020 年招商引资目标任务，着力筹备参加"长三角经贸洽谈周"等招商引资活动，抓紧项目准备，力争在省、市重大招商引资活动中签约一批重点产业项目。

（6）全力支持疫情防控期间招大引强工作，从国、省、市开放型经济专项资金中统筹安排奖励资金，用于奖励和支持疫情期间新引进的"三类 500 强"项目、亿元以上重点产业项目、外向型实体项目、外资项目。疫情期间经湖南省商务厅认定湘潭市新引进的"三类 500 强"企业项目奖励 15 万元/个，首次落户湖南的"三类 500 强"企业项目奖励 25 万元/个；新引进亿元以上重点产业项目（已签订商务合同，并已在湘潭市注册的项目）奖励 5 万元/个；新引进外向型实体企业，且本年度实现外贸进出口实绩 1000 万美元及以上，奖励 20 万元/个；新引进外资企业，且本年度累计实现外商直接投资 1000 万美元及以上，奖励 10 万元/个。

三 支持外经贸发展

（7）协调解决外贸进出口企业物资运输的实际困难，对疫情期间外贸进出口企业以湘潭为始发站或目的站的物流运输费用，给予不超过实际支出 30% 的支持，每家企业不超过 10 万元。

（8）鼓励外贸企业业绩倍增，对外贸企业 2020 年 1~4 月外贸进出口实绩对比上年同期增量超出的部分给予每 1 美元不高于 0.03 元人民币的奖励支持。

（9）充分发挥园区外贸综合服务中心的作用，积极为企业提供报关报检、物流运输、资质办理等一站式全流程外贸综合服务。

（10）加强外贸企业金融服务，积极落实中小微外贸企业进出口便利优惠融资政策，对接金融机构为全市外贸企业提供融资保障。对列入"白名单"参加中小微外贸企业出口无资产抵押担保融资的企业，在疫情期间发生的实际贷款利息，给予不超过实际支出的 50% 贴息支持。

（11）开展对外贸易纠纷法律援助，及时协调有关部门为受疫情影响严重、可能导致外贸合同无法履行的外贸企业无偿出具不可抗力事实性证明材料。因疫情引发与国外客户产生争议纠纷的企业，对其所发生的诉讼费、律师服务费等相关费用给予不超过实际费用 50% 支持，每家企业不超过 20 万元。

（12）加大出口信用保险支持，鼓励出口企业在疫情期间通过购买出口信用保险规避买方违约风险，给予出口小微企业全年全额保费支持，其他企业不超过 40% 的保费支持。同时，协调信保承保机构加快信保理赔进度。

（13）鼓励外贸企业在疫情期间加强线上营销推广，对企业入驻第三方电子商务平台开展网络跨境营销，对 2020 年 1~6 月累计实现 300 万美元及以上进出口实绩的，企业疫情期间产生的服务费和推广费给予不超过实际支出 70% 的支持。

（14）完善"走出去"综合服务体系，鼓励外经企业通过购买政策性信用保险、海外投资咨询报告、涉外法律咨询等，有效规避企业在外经活动中遇到的商业风险和政治风险。对外经企业购买政策性信用保险、海外投资咨询报告、涉外法律咨询等费用，疫情期间给予不超过 40% 的支持，单个项目支持不超过 20 万元。对外经企业参与"一带一路"建设的对外投资合作项目在前期费用（具体内容为：①法律、技术及商务咨询费；②勘测、调查、检验检疫及技术认证费；③项目可行性研究报告、安全评估报告编制及项目资料翻译费）方面给予 10 万元的支持。

（15）推动对外劳务合作，对疫情期间新外派劳务实际人数达100 人以上的劳务企业，根据派出人数和服务质量给予综合评定，对其在人员培训、人才储备、宣传等方面给予 10 万元的支持。

（16）以上若干措施适应时间为 2020 年 1 月 1 日起至新冠肺炎疫情结束止（本地疫情结束时间以湘潭市人民政府公布时间为准），资金严格按照国、省和市本级专项资金要求执行，新冠肺炎疫情期间若国、省另有政策支持的部分一并执行。具体支持奖励申报程序，另行出台细则。

苏　州

为深入贯彻落实习近平总书记关于改革开放和江苏工作的系列重要指示精神，推动苏州市上下"思想再解放、开放再出发、目标再攀高"，加快形成全面开放新格局，以更高水平开放引领高质量发展，苏州市发展和改革委员会特制定《中共苏州市委　苏州市人民政府关于开放再出发的若干政策意见》[①]。以下内容摘自该文件。

一　重点举措

（一）以开放推动创新发展，提升苏州的科技创新策源功能

致力开放创新，主动融入和布局全球创新网络，营造开放包容创新生态，吸引集聚更多国际高端创新资源，以更加开放的胸怀加快打造国际化创新高地。

1. 集聚国际高端创新人才

实施万名高端人才集聚计划，3 年内引进 1 万名高质量发展急需的高端人才，其中海外占比不低于 50%，外国高端专家不少于 2500 人。针对先导产业、前沿科技领域作出突出贡献的高端人才和苏州自贸片区急需人才，对年薪高于 40 万元的，按个人薪酬的 5%~20% 给予每年最高不超 40 万元的奖励。瞄准关键核心技术领域，3 年内引进 10 个以上具有引领性、原创性、标志性的顶尖人才（团队）。加大"海鸥计划"实施力度，单个项目（个人）补贴上限标准提高至 100 万元。建立境外人才工作、居留和出入境绿色通道，为外籍高层次人才申请在华永久居留、办理最高时限居留许可、优秀外籍学生创新创业等提供最大便利。

2. 培育国际一流创新企业

加大国家高新技术企业培育力度，提高申报便利度和服务水

---

① 《中共苏州市委　苏州市人民政府关于开放再出发的若干政策意见》，苏州科学技术局，http://kjj.suzhou.gov.cn/szkj/szszc/202001/32264dfeea724e0298024d30d8b4404c.shtml。

平，到 2022 年末，高新技术企业数量达到 14000 家，其中外资企业 3000 家。聚焦战略性新兴产业、现代服务业，3 年内每年滚动遴选 1000 家年销售收入超过 2000 万元、成长性好、研发投入大的创新型企业形成市级高新技术企业库，其中外资企业 200 家左右，自入库当年至获得国家高新技术企业认定为止，每年参照国家高新技术企业所得税优惠政策对企业给予奖励，最长不超过 3 年。对自贸区苏州片区内新设立的从事生物医药、人工智能、新一代信息技术、纳米技术等关键领域核心环节生产研发企业，符合条件的，可直接进入市级高新技术企业库，并享受同等奖励政策；发展态势良好的，经批准，奖励期可延长 3 年。对连续两年享受研发费用加计扣除政策，且企业研发费用年度增长 20 万元（含）以上的企业，给予研发费用增长额 6% 的奖励，单个企业每年不超过 300 万元。

3. 建设国际优质创新载体

集聚国际创新资源，系统谋划和布局一批重大科技基础设施，加快提升源头创新能力，大力支持重大科技突破，力争在重大科技领域实现跨越发展。建立诺贝尔奖实验室"一事一议"专项引进机制，支持诺贝尔奖科学家来苏组建实验室。鼓励全球知名高校、科研院所在苏合作建设科研创新平台、科技成果转化中心和国际研发机构，支持国际化人才和团队发起设立专业性、开放性新型研发机构，3 年内新建科技创新载体 100 家。对重大研发机构、多学科交叉创新平台建设，可按"一事一议"方式给予支持。对研发机构中具备重大原始创新能力和成果转化能力的创新团队，给予最高 5000 万元支持，对新型研发机构建设给予最高 1000 万元支持。瞄准国际产业创新资源集聚区，在全球智力比较密集地区设立离岸创新中心，到 2022 年末在全球布局建设 50 家海外离岸创新中心，每家给予最高 100 万元的经费支持；在苏建设 10 家对接海外离岸项目的在岸创业基地。加强与先进创新型国家科技合作，着力建设国际科技合作联盟。

4. 打造国际著名创新品牌

大力支持企业建设国际化知名品牌，对获得"中国质量奖""中国质量奖提名奖"的企业分别给予 300 万元、100 万元奖励。对企业通过 PCT（专利合作条约）和《巴黎公约》途径申请国际专利，并获得美国、欧盟成员国、英国、日本、韩国等发达国家授权专利以及通过马德里体系申请注册国际商标的给予一定奖励，同一申请人年度奖励经费最高 100 万元。支持企业参与制定国际标准，推动新一代信息技术、智能制造等重点领域的国内外标准化技术组织落户苏州，探索建立中德标准化合作机制和双方证书互认渠道。加强新时代技能人才队伍建设，弘扬劳模精神、劳动精神、工匠精神，激发企业打磨产品、提升质量的热情与动力，促进"苏作"精神回归。

5. 推动金融与科技深度融合

支持企业利用境内外资本市场做强做优，对在境内外资本市场实现 IPO 的企业，给予不少于 300 万元的奖励。加大外资持牌金融机构招引，支持境外金融机构在苏设立法人机构。完善地方金融科技产业生态，建设金融科技开放平台、评测平台、监管沙盒试点，引进境内外金融科技龙头公司，创设金融科技实验室。

（二）以开放促进产业转型，提升苏州的高端产业引领功能

广泛利用国际国内两个市场、两种资源，优选增量、提质存量，深度融入全球产业链和价值链体系，全力推动产业结构迈向中高端，不断增强产业国际竞争力。

6. 打造世界级产业集群

支持利用境内外资源壮大新一代信息技术、生物医药、纳米技术、人工智能等先导产业，加快先导产业集聚发展。推进制造业高端化国际化，支持跨国公司通过合资合作、协同创新、并购重组等方式深度参与产业集群建设，做大做强新型显示、生物医药和新型医疗器械、光通信、高端装备制造等 10 个千亿级先进制造业集群，力争形成以生物医药为代表的若干世界级产业集群。

7. 推动制造业转型升级

鼓励企业利用互联网与大数据技术，向"制造 + 服务"转型，每年对新认定的市服务型制造示范项目，给予每家一次性奖励 50 万元，3 年累计培育和认定市级以上服务型制造示范企业（项目）60 家。对获得当年度国家或省进口贴息支持的先进技术和设备及关键零部件进口企业，在享受国家、省政策基础上，再给予每家企业不超过 100 万元的贴息奖励。

8. 鼓励企业海外并购

鼓励设立市场化海外并购专项基金，支持政策性担保公司为企业开展海外并购申请银行贷款提供担保。探索开展 QDIE 等金融开放业务试点。引导商业银行积极开展并购贷款业务，推动商业银行对并购重组企业实行联合授信，为上市公司开展并购提供融资支

持。鼓励设有海外分支机构的各类金融机构，帮助企业寻找海外并购标的。

9. 提升对外贸易质效

加快 FTA（自由贸易协定）落地见效，进一步提高企业知晓率和利用率，增强企业出口竞争力。深化服务贸易创新发展，鼓励发展服务贸易新业态、新模式，对在国内同行业中具有重大创新性和引领性的新业态和新模式项目，给予不超过 1000 万元奖励；支持企业扩大服务出口，对采用大数据、人工智能、5G 等技术打造或提升服务贸易交易促进平台的，根据平台促进服务贸易成效，给予不超过 200 万元奖励；拓展数字化可贸易服务领域，支持数字化服务出口，根据企业数字服务贸易出口额给予奖励。支持企业探索开展具有真实贸易背景的离岸转手买卖业务，并提供便利化金融服务。对本市企业在国内外电商平台开设主要面向境外消费者、具有良好运作实绩的零售店，给予 20 万元奖励。

（三）以开放强化有效投入，提升苏州的全球资源配置功能

深化开放再招商，放眼全球加速集聚一批层次更高、质量更优、效益更好的国内外企业投资项目，有效增添经济发展后劲，搭建利益共享的全球价值链。

10. 加大招商引资力度

统筹各地各部门招商资源，市本级每年安排奖励资金 2 亿元，用于奖励对招商引资工作发挥重要作用、作出重大贡献的各类机构和人员；加大对招商信息首报人员的奖励，对招商工作作出显著成绩和贡献的干部，可按相关规定给予奖励，在提拔使用上加大力

度。对世界 500 强企业、全球行业龙头企业在苏新设（或增资设立）的年到账外资金额超过 1 亿美元的先进制造业项目，以及新设年到账外资金额不低于 3000 万美元的前沿高端制造业项目，可按"一事一议"方式给予重点支持。

11. 支持企业扩大有效投入

以更大力度持续扩大有效投入，积极鼓励企业加大工业投资，精准推进一批重大产业项目、新兴产业项目。对当年度单个项目设备投入 2000 万元以上，按照项目设备投资额进行综合奖补，其中先导产业奖励 12%、高新技术产业奖励 10%、其他产业奖励 6%。三类产业中单个项目设备投资最高奖励额度分别为 1000 万元、800 万元、600 万元。

12. 精准推出苏州开放创新合作热力图

以产业建链、补链、强链为主线，发布高质量的多语种苏州开放创新合作热力图，全面、生动推介苏州营商环境、投资政策和投资信息空间布局，为全球资本选择苏州、投资苏州提供透明、公平、便捷、稳定的预期和资讯，切实帮助和服务全球资本进一步了解苏州、投资苏州、落户苏州。

13. 强化土地要素保障

科学编制国土空间总体规划，保障产业用地空间规模，全市划定 100 万亩（667 平方公里）工业和生产性研发用地保障红线。以盘活存量为主、配置增量为辅，向全球发布 68.8 平方公里的近期可供产业用地，并全部落实在产业用地供应图上。鼓励工业制造业和生产性研发项目出让用地提容增效，对项目出让用地容积率低于 1.5 的，根据项目产业特点和地块实际情况进行专业论证、集体会商，明确出让地价和项目发展要求；在符合规划的前提下，对项目出让用地容积率高于1.5的，每增加0.1容积率，建成后可根据产业水平和门类给予不超过出让价格4%的奖励，最高不超过出让地价的40%。

14. 加快境内外园区建设

支持企业以"一带一路"沿线国家和地区为重点，开发建设各类境外经贸合作区。对通过商务部和财政部考核确认的境外经济贸易合作区，奖励1000万元；对通过省商务厅和省财政厅考核确认的境外经贸合作区，奖励800万元；对通过市商务局和市财政局考核确认的市级境外经贸合作区，奖励500万元。

15. 支持自贸区苏州片区发展

推动各县级市（区）与自贸片区联动发展和跨区合作，建立联动创新区。探索放宽服务业外资市场准入限制，积极扩大服务业行业门类和领域的对外开放。设立自贸区苏州片区专项发展资金，5年内投入不少于800亿元，以世界一流标准提升自贸片区基础设施和公共设施建设水平，支持自贸片区强化对企业、技术、资金、人才的"集聚效应"，着力推动自贸片区在前沿产业、高端人才、总部经济等领域实现高质量发展。

16. 打造对外开放新平台

大力提升各级开发区功能优势，创建高水平开放、高质量发展示范引领之地。充分发挥苏州工业园区开放创新综合试验、昆山深化两岸产业合作试验区平台功能，进一步深化对德、对日合作，积极打造中德合作创新园、中日绿色产业创新示范区、中日智能制造创新产业园等开放载体，构筑苏州对外合作新平台。

青　海

2021 年 9 月，青海省人民政府办公厅印发《关于促进互联网平台经济规范健康发展的若干措施》①。

一　发展重点

加快"四种经济形态"培育，大力发展盐湖、清洁能源、生态旅游、绿色有机农畜等重点领域互联网产业平台和服务平台。围绕商品交易、服务供给、要素支撑等重点方向，着力打造一批以网络交易为核心、以供应链管理为支撑、后台数据分析与品牌建设协同发展的电子商务平台；搭建一批集网上信息发布、交易支付、售后服务、物流仓储服务、价格发现及行情监测等功能于一体的跨区域双多边交易平台；培育一批特色明显、资源富集、应用繁荣、支撑有力的产业服务平台。

二　支持政策

对市场监管、税务、统计登记在青海省境内，具有法人资格并实行独立核算的平台企业予以支持，包括利用互联网、物联网、大数据等现代信息技术为双边或多边用户提供交易和服务的第三方平台企业（不含互联网金融平台企业），以及利用互联网进行商品销售且网络销售额占总销售额 20% 以上的限额以上商贸类企业（不含烟草类企业）。

---

① 《关于促进互联网平台经济规范健康发展的若干措施》，青海省人民政府办公厅，http：//www.qinghai.gov.cn/xxgk/xxgk/fd/zfwj/202109/t20210909_ 186951.html。

（一）培育壮大规上(限上)平台企业

1. 规上第三方平台企业

对新开业入库及较上年同期基数有增长的平台企业予以奖励。第一年按新增营业收入的 10% 给予一次性奖励，第二年按新增营业收入的 12% 给予一次性奖励，第三年按新增营业收入的 15% 给予一次性奖励；每年奖励上限 500 万元。

2. 限额以上商贸类平台企业

对新开业入库及较上年同期基数有增长的平台企业予以奖励。对批发类平台企业，第一年按新增商品销售额的 3% 给予一次性奖励，第二年按新增商品销售额的 4% 给予一次性奖励，第三年按新增商品销售额的 5% 给予一次性奖励；每年奖励上限 500 万元。对零售类平台企业，第一年按新增商品销售额的 5% 给予一次性奖励，第二年按新增商品销售额的 6% 给予一次性奖励，第三年按新增商品销售额的 7% 给予一次性奖励；每年奖励上限 500 万元。

（二）扶持特色电商企业

对实现青海省实物类产品外销且年网络零售额达 1000 万元以上或在全国性知名平台单品类销售年度排在全国前 15 位或年度录用大专及以上学历毕业生 15 人以上的电商企业，一次性给予 30 万元奖励。

（三）激发双边市场交易

对撮合双边或多边交易超过 1 亿元的第三方平台企业进行奖励，第一年按年交易额的 0.1% 进行奖励，第二年按年新增交易额的 0.2% 进行奖励，第三年按年新增交易额的 0.3% 进行奖励；每年奖励上限 500 万元。

（四）鼓励引进平台总部企业

支持国内知名平台或互联网企业在青海设立独立法人，对示范引领作用大、实际效果突出的平台企业给予一次性 50 万元~200 万元落户奖励，具体额度以每年印发的申报指南为准。

（五）支持平台建设运营

获得银行业金融机构贷款且用于平台项目建设或作为流动资金的，按照贷款合同签订日贷款基础利率给予全额贴息，每户企业每年累计贴息金额不超过 200 万元。鼓励政府性融资担保机构对符合政策要求的平台企业提供担保增信。

（六）加快物流仓储项目建设

平台企业或第三方物流企业在国内中心城市或省内物流薄弱节点布局建设仓储分拨中心或交割仓，解决产品最初一公里、最后一公里成效突出，降低仓储物流费用明显的，对其前置仓固定资产投资的 20% 或租赁仓储费用的 30% 予以后补助，单仓补助上限 100 万元。

（七）落实税收优惠政策

对符合西部地区鼓励类产业目录，属于高新技术企业、技术先进型服务企业的平台企业，按照相关政策规定，减按 15% 的税率征收企业所得税。

（八）激发人才积极性

平台企业引进或培养的杰出人才、领军人才、拔尖人才和创新创业团队，符合相关条件的可入选青海省"高端创新人才千人计划"。

（九）鼓励地方加大支持

各市州政府、产业园区管委会可参照招商引资相关政策，按

"一事一议""一企一策"方式研究确定奖补及融资、建设、场地租金、设备投入、人才保障等方面的支持举措。

三　组织实施

（一）统筹推进

省发展改革委会同省委网信办、省工业和信息化厅、省公安厅、省财政厅、省农业农村厅、省商务厅、省文化和旅游厅、省市场监管局、省地方金融监管局、省统计局、国家税务总局青海省税务局、人行西宁中心支行、青海银保监局、省能源局等部门和单位统筹推进全省互联网平台经济规范健康发展。

（二）专项资金

通过整合省级服务业发展引导资金和商贸流通服务业专项资金，设立省级互联网平台经济发展专项资金。采用奖励、贴息、补助等方式促进全省互联网平台经济规范健康发展。省财政厅制定出台专项资金管理办法。鼓励平台企业注册所在市州政府或产业园区管委会设立专项资金，支持互联网平台经济发展。

（三）奖励流程

对符合支持政策条件的平台企业，实行"一年一兑付"的奖励制度。具体流程如下。

1. 启动申报

省发展改革委每年印发申报指南，明确细化政策措施、申报要求以及具体工作安排等。

2. 材料初审

平台企业按要求向所在市州发展改革委提交申报材料，由其组织相关单位进行初审，报市州人民政府审定同意后，由市州人民政府报省发展改革委复审。

3. 复审公示

省发展改革委会同各有关单位，根据统计、税务、市场监管等部门审核提供的平台企业相关指标及企业发展实际进行复审。其中，"商贸类平台企业、特色电商企业、平台总部企业、物流仓储项目"等涉及商贸流通、电子商务类申报材料由省商务厅牵头复审，并拟定资金分配计划。复审结果按程序报省政府批准后在青海省人民政府门户网站上公示。

4. 奖励兑现

公示结束后，由省发展改革委按相关规定统筹提出资金分配计划，省财政厅根据年度资金分配计划拨付兑现。

（四）其他事项

本措施涉及的支持政策，与本省出台的其他优惠政策类同的，企业可按就高原则申请享受，但不得重复享受。申请企业应书面承诺自享受青海省互联网平台经济发展专项资金之日起，5 年内工商注册地和税务登记地将在青海省内存续，如期间撤出应退缴专项资金。

广　西

2021 年，广西"三企入桂项目落实"行动取得新成效。"三企入桂"履约项目 1589 个，累计到位资金 4609 亿元，累计开工项目 1305 个，累计竣工投产项目 650 个；累计协议履约率、资金到位率、项目开工率、竣工投产率"四率"分别为 79%、19%、65%、32%；各项指标均超过年度目标任务。全区招商引资到位资金 7366 亿元，完成年度目标任务的 105%。新签约项目投资总额 1.1 万亿元，完成年度目标任务的 110%。

为进一步推动广西招商引资及项目落地，广西壮族自治区投资促进委员会办公室于 2020 年 3 月印发《广西招商引资激励办法实施细则（试行）》①，以下摘录部分内容。

广西招商引资激励办法实施细则（试行）

第一章　总　则

第二条　招商引资坚持科学激励、分类激励、分级激励的原则。按照属地管理、分级考核要求，自治区人民政府根据考核结果对设区市人民政府进行激励，对集体和个人记功评选表彰按照管理权限进行。对招商引资项目和成功引进外来投资的招商引资中介机构，由各级财政按比例进行激励。具体为：对选址在设区市本级的招商引资项目，自治区与设区市财政按照 4∶6 的比例承担奖励资金；对选址在设区市所属县（市）的招商引资项目，由自治区与项目所在县（市）财政按照 6∶4 的比例承担奖励资金。自治区财政主管部门要督促相关设区市、县（市）财政部门及时足额兑现奖励资金。

第三条　本办法适用对象为：

（一）承担年度招商引资目标任务的全区各级政府、园区。

---

① 《广西招商引资激励办法实施细则（试行）》，广西壮族自治区南宁市投资促进局官网，http：//tzcjj. nanning. gov. cn/ggfw/tzzc_ 1/zzqctxyhqzc/t4501592. html。

（二）招商引资贡献突出的集体和个人。

（三）招商引资项目。

1. 重大招商引资项目，具体指当年新引进区外境内总投资 1 亿元人民币以上（含 1 亿元人民币）、国（境）外合同外资 1500 万美元以上（含 1500 万美元）项目及对全区或区域经济社会发展具有较大促进作用的非国家、自治区禁止和限制类产业项目。国家和自治区产业指导目录如有修订，按新修订的版本执行。

2. 经自治区科技主管部门认定的高新技术企业招商引资项目。

3. 经自治区认定的总部企业招商引资项目。

（四）招商引资中介机构。

第二章　招商引资目标绩效考核激励

第四条　自治区对各设区市招商引资工作实行专项考核，根据考核结果进行专项激励。

第五条　招商引资目标绩效考核激励措施及标准为：

（一）对年度招商引资绩效考核排前 6 名的设区市，自治区财政一次性分别奖励 650 万元、550 万元、450 万元、350 万元、250 万元、150 万元人民币，补充作为招商引资工作经费。

（二）对年度招商引资绩效考核排前 6 名的设区市，自治区一次性分别奖励建设用地指标 1000 亩、800 亩、600 亩、500 亩、300 亩、100 亩，补充作为招商引资项目建设用地；有《广西壮族自治区建设用地年度计划指标管理办法（试行）》规定暂停、限制安排新增建设用地计划指标情形的除外。

（三）对年度招商引资绩效考核排前 6 名的设区市，在自治区专项建设基金支持领域，由其自主选择申报急需建设的重点项目。

（四）对连续 3 年招商引资绩效考核排前 6 名的设区市，在申请发行地方政府债券、企业债券、设立广西政府投资引导基金子基金等方面按有关规定予以优先安排。

（五）对年度利用外资绩效考核排前 5 名的设区市，自治区财政一次性分别奖励 500 万元、400 万元、300 万元、200 万元、100 万元人民币，补充作为利用外资工作经费。

（六）对招商引资贡献突出的集体和个人，按自治区有关规定开展记二等功评选表彰活动。具体由自治区投资促进局商自治区表彰奖励主管部门制定评选表彰活动方案并组织实施。

第六条　自治区投资促进委员会办公室（设在自治区投资促进局）会同自治区绩效办、发展改革委、工业和信息化厅、财政厅、人力资源社会保障厅、科技厅、自然资源厅、生态环境厅、商务厅、市场监管局、统计局等单位建立考评工作机制和奖励工作联席会议机制，组织实施各项招商引资激励措施。

第三章　招商引资项目激励

第七条　对重大招商引资项目、高新技术企业和总部企业招商引资项目的奖励，按照《广西招商引资激励办法实施细则》有关规定执行。

第八条　招商引资项目奖励标准为：

（一）对重大招商引资项目，按项目当年招商引资实际到位资金的1%给予项目业主一次性奖励；项目投资建设期较长的，在建设期内形成固定资产可累计计算最多不超过 3 年，单个项目奖励资金最高不超过 3000 万元人民币。

（二）对高新技术企业、总部企业招商引资项目，按项目当年

招商引资实际到位资金的1%给予项目业主一次性奖励;项目投资
建设期较长的,在建设期内形成固定资产可累计计算最多不超过2
年,单个项目奖励资金最高不超过3000万元人民币。

广西壮族自治区招商引资项目及中介机构奖励标准

序号	奖励项目类型或对象	奖励 比例	最高奖金额 (万元人民币)
1	重大招商引资项目	1%	3000
2	高新技术企业、总部企业招商引资项目	1%	3000
3	成功引进重大招商引资项目的中介机构	2‰	500
4	成功引进经认定的高新技术企业、总部企业招商引资项目的中介机构	5‰	200
5	成功引进经认定的"瞪羚企业"的中介机构	—	20
6	成功引进经认定的"独角兽企业"的中介机构	—	50
7	受自治区投资促进局委托,以广西投资促进代表处、办事处名义开展投资促进推广工作的中介机构	—	每年20~50

附录二
蓝迪国际智库专家委员会名单

专家委员会名誉主席		
1	梁振英	第十三届全国政协副主席 "一带一路"国际合作香港中心主席
2	王伟光	第十三届全国政协民族和宗教委员会主任 中国社会科学院原院长、党组书记
专家委员会主席及联合主席		
3	赵白鸽	第十二届全国人大外事委员会副主任委员 中国社会科学院"一带一路"国际智库专家委员会主席 蓝迪国际智库专家委员会主席
4	黄奇帆	重庆市原市长 复旦大学特聘教授 蓝迪国际智库专家委员会联合主席
5	蔡昉	第十三届全国人大农业与农村委员会副主任委员 中国社会科学院国家高端智库首席专家
专家委员会委员（宏观经济与区域规划领域）		
6	张大卫	中国国际经济交流中心副理事长兼秘书长 河南省原副省长、河南省人大常委会原副主任
7	鲁昕	第十三届全国政协委员 中国职业技术教育学会会长 教育部原副部长
8	仇保兴	国务院参事 第十二届全国政协人口资源环境委员会副主任 住房和城乡建设部原副部长、党组成员
9	牛仁亮	中国生产力学会会长 山西省原副省长 山西省资源型经济转型促进会总顾问

续表

10	贾　康	第十三届全国政协委员、政协经济委员会委员 中国国际经济交流中心常务理事 华夏新供给经济学研究院院长
11	陈文玲	中国国际经济交流中心总经济师 国务院研究室综合司原司长、研究员
12	迟福林	中国（海南）改革发展研究院院长 中国经济体制改革研究会副会长
13	徐　林	中美绿色基金董事长 国家发展和改革委员会原发展规划司司长
14	史育龙	国家发展和改革委员会习近平经济思想研究中心主任 国家发展和改革委员会宏观经济研究院科研管理部副主任、研究员
15	冯　奎	国家发展和改革城市和小城镇改革发展中心学术委秘书长、研究员 民盟中央经济委员会副主任
16	孙晓洲	中国基本建设优化研究会会长
17	刘殿勋	商务部投资促进事务局党委书记、局长

专家委员会委员（金融与数字经济领域）

18	肖　钢	第十三届全国政协经济委员会委员 中国证券监督管理委员会原主席、党委书记
19	罗　熹	中国人民保险集团股份有限公司党委书记、董事长
20	李礼辉	第十二届全国人大财经委委员 中国银行原行长 中国互联网金融协会区块链工作组组长
21	曹文炼	丝路产业与金融国际联盟理事长 国家发展和改革委员会国际合作中心学术委员会主任 国家发展和改革委员会国际合作中心发展理事会主席
22	王忠民	全国社保基金理事会原副理事长
23	朱嘉明	珠海横琴新区数链数字金融研究院学术与技术委员会主席
24	马蔚华	国家科技成果转化引导基金理事长 联合国开发计划署可持续发展目标影响力指导委员会委员

续表

25	曹远征	中国银行首席经济学家 中银国际控股有限公司董事、副执行总裁 中国诚通控股集团有限公司外部董事
26	刘世锦	第十三届全国政协经济委员会副主任 哈尔滨工业大学深圳研究生院经济管理学院院长 中国发展研究基金会副理事长
专家委员会委员（国防安全与地缘政治领域）		
27	沙祖康	联合国前副秘书长 中巴友好协会会长 国际绿色经济协会名誉会长
28	王郡里	中国改革开放论坛副理事长 广州军区原副参谋长、驻港部队原副司令员
29	金一南	第十一届全国政协委员 中国人民解放军国防大学战略研究所原所长
30	孟祥青	中国人民解放军国防大学国家安全学院技术二级教授 中国人民解放军国防大学战略研究所原所长
专家委员会委员（双碳战略与可持续发展领域）		
31	郑国光	应急管理部原党组成员、副部长 中国地震局原党组书记、局长 中国气象局原党组书记、局长
32	刘玉兰	中国生产力促进中心协会理事长 国家科技部重大专项办公室原巡视员
33	夏　青	南水北调专家委员会委员 中国环境科学研究院技术委员会副主任委员、研究员 中国国际文化交流中心"一带一路"绿色发展研究院专家委员会秘书长
34	徐锭明	国务院参事室特约研究员 国家发展和改革委员会能源局原局长
35	潘家华	北京工业大学经济管理学院教授 中国社会科学院生态文明研究所原所长 国家气候变化专家委员会委员、研究员

续表

36	王宏广	清华大学国际生物经济中心主任 国家科技部中国生物技术发展中心原主任
专家委员会委员（新闻传播与话语体系建构领域）		
37	周明伟	第十二届全国政协委员 中国外文出版发行事业局原局长 中国翻译协会会长 中国翻译研究院院长
38	周锡生	第十二届全国政协委员 新华通讯社原副社长兼副总编辑 中国搜索信息科技股份有限公司总裁
39	匡乐成	新华出版社社长、党委书记 中国财富传媒集团副总裁、党委委员、董事
40	金雷	新华社中国经济信息社经济智库事业部总经理
专家委员会委员（"一带一路"与国际合作领域）		
41	金鑫	中共中央对外联络部研究室主任
42	吴蒙	中国国际商会双边合作部部长
43	李希光	清华大学教授、博士生导师 清华大学国际传播研究中心主任
44	黄仁伟	复旦大学一带一路全球治理研究院常务副院长
45	胡必亮	北京师范大学新兴市场研究院院长 北京师范大学一带一路学院执行院长 北京师范大学"一带一路"研究院院长
46	孙壮志	中国社会科学院俄罗斯东欧中亚研究所所长 中国社会科学院中俄战略协作高端合作智库副理事长兼秘书长
47	王晓泉	中国社会科学院俄罗斯东欧中亚研究所科研处处长 中国社会科学院"一带一路"研究中心副主任 中国俄罗斯东欧中亚学会秘书长
48	李向阳	中国社会科学院亚太与全球战略研究院院长 中国世界经济学会副会长 中美经济学会副会长

续表

49	张陆彪	农业农村部对外经济合作中心主任 农业农村部国际合作司原副司长
50	叶海林	中国社会科学院亚太与全球战略研究院副院长、纪委书记
51	黄 平	中国社会科学院台港澳研究中心主任 香港中国学术研究院常务副院长
52	裴长洪	中国社会科学院经济研究所研究员、博士生导师 第十三届全国政协委员
53	李进峰	中国社会科学院"一带一路"研究中心副主任 中国社会科学院上海合作组织研究中心执行主任
54	王 镭	中国社会科学院国际合作局局长、研究员 联合国教科文组织社会变革管理计划（MOST）中国国家协调人
专家委员会委员（公共卫生与医疗健康领域）		
55	毕井泉	第十三届全国政协经济委员会副主任 中国国际经济交流中心常务副理事长 国家食品药品监督管理总局原局长
56	曾 光	国家卫健委高级别专家组成员 中国疾病预防控制中心流行病学前首席科学家
57	宋瑞霖	中国医药创新促进会执行会长
58	李定纲	北京陆道培血液病医院执行院长
59	陆家海	中山大学公共卫生学院检验与检疫中心主任 One Health 研究中心主任 广东省科学技术实验室联合会会长
专家委员会委员（工业信息与科技创新领域）		
60	张 立	中国电子信息产业发展研究院党委副书记、院长 中国半导体行业协会常务副理事长
61	乔 标	工业和信息化部中国电子信息产业发展研究院副院长
62	陈俊琰	中国信息通信研究院华东分院人工智能与大数据事业部主任
63	董 凯	工业和信息化部赛迪研究院产业政策研究所（先进制造业研究中心）所长

续表

64	项立刚	中国通信业知名观察家、智能互联网研究专家 柒贰零(北京)健康科技有限公司董事长
65	程　楠	中国电子信息产业发展研究院规划研究所所长

专家委员会委员(文化旅游与宗教研究领域)

66	单霁翔	文旅部原党组成员、故宫博物院原院长 故宫学院院长
67	郭　旃	中国文物学会世界遗产研究会主任委员 国家文物局文保司原巡视员
68	唐晓云	中国旅游研究院(文化和旅游部数据中心)副院长
69	耿　静	中国华夏文化遗产基金会理事长 中国文化产业联盟副主席 全国红军小学建设工程理事会副理事长
70	周泓洋	文旅部中国艺术研究院副院长 国务院发展研究中心研究员
71	陈奕名	中国商业经济学会常务理事、执行秘书长 五十六号文旅经济公路创始人

专家委员会委员(智库研究与专业咨询领域)

72	宋贵伦	北京市社会建设促进会会长 中共北京市委社会工作委员会原书记、社会建设工作办公室主任 北京师范大学中国教育与社会发展研究院教授
73	张冠梓	中国社会科学院信息情报研究院党委书记、院长
74	智宇琛	中国社会科学院"一带一路"研究中心研究员 东南大学文化传媒与国际战略研究院高级研究员
75	解　喆	蓝迪国际智库青年专家委员

专家委员会委员(基础建设与传统产业领域)

76	房秋晨	中国对外承包工程商会会长
77	赵小刚	中国南方机车车辆工业集团公司原董事长 中国建材集团有限公司外部董事
78	任建新	中国化工集团有限公司原党委书记、董事长

续表

79	郁葱	中国土木工程（澳门）有限公司董事总经理
80	郑军	中土集团有限公司首席国际商务专家兼中土研究院院长 中国国际投资促进会境外合作区专家委员
专家委员会委员（法律、标准与知识产权保护领域）		
81	吕红兵	第十三届全国政协社会和法制委员会委员 第十届中华全国律师协会监事长 国浩律师事务所首席执行合伙人
82	贾怀远	德恒律师事务所高级合伙人 德恒律师事务所迪拜分所主任
83	李爱仙	中国标准化研究院副院长
84	谭晓东	北京标研科技发展中心主任 全国分析监测人员能力培训委员会办公室主任
专家委员会委员（专家型企业家）		
85	刁志中	广联达科技股份有限公司董事长 中国建筑学会建筑经济分会理事 中国建设工程造价管理协会常务理事及教育专家委员会委员
86	田耀斌	中国电子科技集团国际贸易有限公司总经理
87	谭丽霞	海尔集团董事局副主席、执行副总裁 海尔集团（青岛）金融控股有限公司董事长 青岛海尔生物医疗股份有限公司董事长
88	张嘉恒	哈尔滨工业大学（深圳）教授、博士生导师 中国工程物理研究院化工材料研究所客座教授 深圳市萱嘉生物科技有限公司董事长
89	张保中	中国海外港口控股有限公司董事长
90	贺建东	澳门贺田投资发展有限公司董事 科迪（杭州）科技服务公司孵化器创始人兼CEO BEYOND国际科技创新博览会创始人
91	杨剑	泰豪科技股份有限公司董事长 江西省青年企业家协会会长

续表

92	张华荣	第十三届全国政协社会和法制委员会委员 亚洲鞋业协会主席 华坚鞋业集团董事长兼总裁
93	刘家强	中国节能环保集团有限公司党委副书记、董事
94	李仙德	晶科能源有限公司董事长 B20 中国工商理事会副主席
95	李航文	斯微(上海)生物科技股份有限公司创始人兼 CEO
96	孙　彤	全国农村产业融合发展联盟常务副理事长 布瑞克(苏州)农业互联网股份董事长兼 CEO
97	王丽红	山东天壮环保科技有限公司董事长
98	张国明	安世亚太科技股份有限公司董事长
专家委员会委员(国际专家学者)		
99	让-皮埃尔·拉法兰 Jean-Pierre RAFFARIN	法国前总理 法国展望与创新基金会主席 2019 年中华人民共和国"友谊勋章"获得者
100	伊萨姆·沙拉夫 Essam SHARAF	埃及前总理 沙拉夫可持续发展基金会主席
101	鲁道夫·沙尔平 Rudolf Albert SCHARPING	德国国防部原部长
102	伊克巴尔·苏威 Iqbal SURVE	南非独立媒体董事会主席 Sekunjalo 集团创始人兼董事长 南非总统顾问
103	图尔苏纳里· 库兹耶夫 Tursunali KUZIEV	乌兹别克斯坦文化体育部原部长 乌兹别克斯坦卡里莫夫科学教育纪念馆副主任 乌兹别克斯坦国际象棋联合会副主席
104	穆沙希德·侯赛因· 萨义德 Mushahid Hussain SAYED	巴基斯坦参议院议员 巴基斯坦中国学会会长
105	萨利姆·曼迪瓦拉 Saleem MANDVIWALLA	巴基斯坦参议院议员

续表

106	宋永吉 Young-gil SONG	韩国国会议员
107	扎尔科· 奥布拉多维奇 Žarko OBRADOVI Ć	塞尔维亚议会外事委员会主席 塞尔维亚社会党副主席
108	德西·艾伯特· 马马希特 Desi Albert MAMAHIT	印尼海岸警卫队原司令 印尼海军总长特别参谋

附录三
蓝迪平台重点企业及机构名录

（统计截至 2021 年 12 月 31 日）

行业	细分领域	序号	企业/机构名称
基建类	交通建设	1	中国中铁股份有限公司
		2	中国交通建设股份有限公司
		3	中国铁建股份有限公司
		4	中国中车股份有限公司
		5	中车株洲电力机车有限公司
		6	中铁国际集团有限公司
		7	中铁十七局集团有限公司
		8	中铁十八局集团有限公司
		9	中铁三局集团有限公司
		10	中铁北京工程局集团有限公司
		11	中国港湾工程有限责任公司
	地产建筑	12	中元建设集团股份有限公司
		13	中国土木工程集团有限公司
		14	中国土木工程（澳门）有限公司
		15	中阳建设集团有限公司
		16	广东合力建造科技有限公司
		17	中国建筑集团有限公司
		18	中国建筑材料集团有限公司
		19	中信建设有限责任公司
		20	上海建工集团股份有限公司
		21	北京建工集团有限责任公司
		22	北京城建集团有限责任公司
		23	青建集团股份公司
		24	青岛政建投资集团有限公司
		25	中国山东国际经济技术合作公司
		26	烟建集团有限公司
		27	南通建工集团股份有限公司
		28	重庆对外建设（集团）公司
		29	云南省建设投资控股集团有限公司
		30	中冶置业集团有限公司

续表

行业	细分领域	序号	企业/机构名称
基建类	地产建筑	31	建业住宅集团(中国)有限公司
		32	新疆生产建设兵团建设工程(集团)有限责任公司
		33	江西中煤建设集团有限公司
		34	中鼎国际工程有限责任公司
		35	江苏燕宁工程科技集团有限公司
		36	中国河南国际合作集团有限公司
		37	中国成套设备进出口(集团)总公司
		38	中钢设备有限公司
		39	宏鑫建设集团有限公司
		40	中国国际工程咨询有限公司
		41	中国建筑第三工程局有限公司
		42	中国海外集团有限公司
		43	中国海外工程有限责任公司
		44	中建科工集团有限公司
		45	北京建工博海建设有限公司
		46	中国新兴集团有限责任公司
		47	江苏南通三建集团股份有限公司
		48	江苏南通六建建设集团有限公司
		49	中地海外集团有限公司
		50	中国地质工程集团有限公司
		51	贵州黔中铁旅文化产业发展有限公司
		52	中国武夷实业股份有限公司
		53	山东天泰建工有限公司
		54	安徽省华安外经建设(集团)有限公司
		55	威海国际经济技术合作股份有限公司
		56	烟台国际经济技术合作集团有限公司
		57	中国江苏国际经济技术合作集团有限公司
		58	中国大连国际经济技术合作集团有限公司
		59	中国江西国际经济技术合作有限公司
		60	中国沈阳国际经济技术合作有限公司
制造业	先进制造	61	泰豪科技股份有限公司
		62	舜宇集团有限公司
		63	上海泷洋船舶科技有限公司
		64	中国航天科技集团有限公司

续表

行业	细分领域	序号	企业/机构名称
制造业	先进制造	65	中国船舶集团有限公司第七一一研究所
		66	富通集团有限公司
	能源装备	67	特变电工股份有限公司
		68	特变电工新疆新能源股份有限公司
		69	远东控股集团有限公司
		70	远东电缆有限公司
		71	南京康尼机电股份有限公司
		72	大全集团有限公司
		73	正泰电气股份有限公司
		74	江联重工集团股份有限公司
	机械制造	75	智昌科技集团股份有限公司
		76	宁波伟立机器人科技股份有限公司
		77	中国通用技术(集团)控股有限责任公司
		78	中国机械工业集团有限公司
		79	三一重工股份有限公司
		80	中信重工机械股份有限公司
		81	上海电气集团股份有限公司
		82	加西贝拉压缩机有限公司
		83	江苏华西集团有限公司
		84	江苏天明机械集团有限公司
	汽车装备	85	北方凌云工业集团有限公司
		86	中国重型汽车集团有限公司
		87	山东五征集团有限公司
		88	中国一拖集团有限公司
		89	合众新能源汽车有限公司
		90	长城汽车股份有限公司平湖分公司
	专业设备	91	宁波舜宇光电信息有限公司
		92	甬矽电子(宁波)股份有限公司
		93	宁波佳音机电科技股份有限公司
		94	嘉兴斯达半导体股份有限公司
		95	宁波志伦电子有限公司
		96	宁波湛京光学仪器有限公司
		97	恒锋工具股份有限公司
		98	江苏天瑞仪器股份有限公司

续表

行业	细分领域	序号	企业/机构名称
制造业	专业设备	99	闻泰通讯股份有限公司
		100	麒盛科技股份有限公司
		101	宁波华远电子科技有限公司
	传统材料	102	三房巷集团有限公司
		103	连云港中复连众复合材料集团有限公司
		104	江阴兴澄特种钢铁有限公司
		105	江苏华宏实业集团有限公司
		106	江苏法尔胜股份有限公司
		107	株洲硬质合金集团有限公司
		108	日照钢铁控股集团有限公司
		109	沈阳远大铝业工程有限公司
		110	江阴市西城钢铁有限公司
		111	江阴澄星实业集团有限公司
	服装	112	华坚鞋业集团有限公司
		113	华纺股份有限公司
		114	江苏阳光集团有限公司
		115	海澜集团有限公司
		116	内蒙古鹿王羊绒有限公司
		117	圣华盾防护科技股份有限公司
		118	贝德服装集团股份有限公司
		119	好孩子集团有限公司
	家电	120	海尔集团公司
		121	冰山冷热科技股份有限公司
		122	武汉蓝宁能源科技有限公司
		123	惠达卫浴股份有限公司
		124	美克国际家具股份有限公司
信息技术	移动通信服务	125	中国移动通信集团有限公司
		126	中国联合网络通信集团有限公司
		127	中国电信集团有限公司
		128	中国移动辛姆巴科有限公司
	互联网信息服务	129	北京百度网讯科技有限公司
		130	阿里巴巴(中国)网络技术有限公司
		131	深圳市腾讯计算机系统有限公司
		132	华为技术有限公司

续表

行业	细分领域	序号	企业/机构名称
信息技术	互联网信息服务	133	三胞集团有限公司
		134	浪潮集团有限公司
	信息系统集成服务	135	中国电子科技集团有限公司
		136	广联达科技股份有限公司
		137	京东方科技集团股份有限公司
		138	东软集团股份有限公司
		139	科大讯飞股份有限公司
		140	杭州海康威视数字技术股份有限公司
		141	北京市商汤科技开发有限公司
		142	安世亚太科技股份有限公司
		143	上海眼控科技股份有限公司
		144	深圳蓝胖子机器智能有限公司
		145	宁波舜宇智能科技有限公司
		146	杭州艾米机器人有限公司
		147	鉴真防务技术(上海)有限公司
		148	浙江凡聚科技有限公司
		149	广东嘉腾机器人自动化有限公司
		150	北京圣博赢科技有限公司
		151	传神语联网网络科技股份有限公司
		152	北京汇真网络媒体科技有限公司
	信息技术咨询服务	153	上海天数智芯半导体有限公司
		154	广西中科曙光云计算有限公司
		155	飞诺门阵(北京)科技有限公司
		156	北京上奇数字科技有限公司
		157	北京辰安科技股份有限公司
		158	深圳市中电数通智慧安全科技股份有限公司
		159	昆仑海比(北京)信息科技有限公司
		160	海能达通信股份有限公司
		161	泰科诺德信息科技(杭州)有限公司
		162	青岛众恒信息科技股份有限公司
		163	南京斯坦德云科技股份有限公司
		164	哈尔滨乐辰科技有限责任公司
	数据处理和存储服务	165	抚州市创世纪科技有限公司
		166	中联云港数据科技股份有限公司

续表

行业	细分领域	序号	企业/机构名称
信息技术	数据处理和存储服务	167	杭州安恒信息技术股份有限公司
		168	布瑞克（苏州）农业互联网股份有限公司
		169	亿赞普（北京）科技有限公司
		170	广东一一五科技股份有限公司
		171	浙江爱立示信息科技有限公司
	软件开发	172	随锐科技集团股份有限公司
		173	用友网络科技股份有限公司
		174	文思海辉技术有限公司
		175	泰盈科技集团股份有限公司
		176	北京易华录信息技术股份有限公司
		177	杭州海兴电力科技股份有限公司
		178	北京知优科技有限公司
		179	深圳市科南软件有限公司
		180	珠海金智维信息科技有限公司
		181	宝驾（北京）信息技术有限公司
		182	北京证联信通科技发展有限公司
		183	博看科技（北京）有限公司
碳中和	传统能源	184	中国长江三峡集团有限公司
		185	中国电力建设集团有限公司
		186	中国能源建设集团有限公司
		187	中国葛洲坝集团股份有限公司
		188	中国电力国际发展有限公司
		189	中国电建集团中南勘测设计研究院有限公司
		190	中国水电工程顾问集团有限公司
		191	中国电力工程顾问集团有限公司
		192	中国水利电力对外有限公司
		193	中国石油集团工程设计有限责任公司
		194	中国石油化工集团有限公司
		195	中国石油工程建设有限公司
		196	中国化学工程集团有限公司
		197	中国石油集团西部钻探工程有限公司
		198	中国东方电气集团有限公司
		199	中国石油天然气管道局有限公司
		200	常熟风范电力设备股份有限公司

续表

行业	细分领域	序号	企业/机构名称
碳中和	传统能源	201	浙江省能源集团有限公司
		202	四川省能源投资集团有限责任公司
		203	中国寰球工程有限公司
		204	中石化胜利油建工程有限公司
		205	中石化炼化工程(集团)股份有限公司
		206	中国能源建设集团浙江省电力设计院有限公司
		207	新疆光明天然石油技术服务有限责任公司
		208	天津恒运能源集团股份有限公司
	新能源	209	晶科能源股份有限公司
		210	远景能源有限公司
		211	宁德时代新能源科技股份有限公司
		212	天合光能股份有限公司
		213	广东省昱辰电子科技有限公司
		214	至玥腾风科技投资集团有限公司
		215	新疆金风科技股份有限公司
		216	中国中原对外工程有限公司
		217	湖南科力远新能源股份有限公司
		218	新奥集团股份有限公司
		219	协鑫(集团)控股有限公司
		220	中国核工业建设集团有限公司
		221	双良集团有限公司
	环保科技	222	江苏欧尔润生物科技有限公司
		223	珠海蓝欧环保生物科技有限公司
		224	山东天壮环保科技有限公司
		225	福龙马集团股份有限公司
		226	北京仁创科技集团有限公司
		227	三川智慧科技股份有限公司
		228	广西丰林木业集团股份有限公司
		229	万华禾香生态科技股份有限公司
		230	湖南永清环境科技产业集团有限公司
		231	中国水环境集团有限公司
		232	北京碧水源科技股份有限公司
		233	上海太和水环境科技发展股份有限公司
	新材料	234	广东合一新材料研究院有限公司

续表

行业	细分领域	序号	企业/机构名称
碳中和	新材料	235	深圳市萱嘉生物科技有限公司
		236	珠海凯利得新材料有限公司
		237	盈创建筑科技（上海）有限公司
		238	山联（长兴）新材料股份有限公司
		239	华阳新材料科技集团有限公司
		240	巨石集团有限公司
		241	东旭集团有限公司
		242	青海诺德新材料有限公司
		243	江苏宝利国际投资股份有限公司
		244	鼎镁新材料科技股份有限公司
大健康	生物医药	245	养生堂药业有限公司
		246	北京万泰生物药业股份有限公司
		247	天士力医药集团股份有限公司
		248	绿叶制药集团有限公司
		249	江苏恒瑞医药股份有限公司
		250	上海复星医药（集团）股份有限公司
		251	丽珠医药集团股份有限公司
		252	深圳华大基因股份有限公司
		253	圣湘生物科技股份有限公司
		254	健帆生物科技集团股份有限公司
		255	斯微（上海）生物科技股份有限公司
		256	今迪森基因技术（深圳）有限公司
		257	广州因明生物医药科技有限公司
		258	南京世和基因生物技术股份有限公司
		259	广东长康科技有限公司
		260	天津贝罗尼生物科技有限公司
		261	国药集团药业股份有限公司
		262	石药控股集团有限公司
		263	华兰生物工程股份有限公司
	中医药	264	珠海蓝萱生物制药有限公司
		265	江苏康缘集团有限责任公司
		266	太安堂集团有限公司
		267	广誉远中药股份有限公司
		268	正大天晴药业集团股份有限公司

续表

行业	细分领域	序号	企业/机构名称
大健康	中医药	269	金诃藏药股份有限公司
		270	江阴天江药业有限公司
		271	佩兰生物科技(上海)股份有限公司
	医疗器械	272	武汉兰丁智能医学股份有限公司
		273	推想医疗科技股份有限公司
		274	深圳市蓝韵实业有限公司
		275	宁波江丰生物信息技术有限公司
		276	上海安翰医疗技术有限公司
		277	江苏苏云医疗器材有限公司
		278	深圳市蓝韵医疗科技有限公司
		279	昂科生物医学技术(苏州)有限公司
		280	苏州雾联医疗科技有限公司
	医疗服务	281	浙江瑞华康源科技有限公司
		282	国际医疗协作体
		283	浙江诺迦生物科技有限公司
		284	微医贝联(上海)信息科技有限公司
		285	远盟康健科技有限公司
		286	深圳市易特科信息技术有限公司
农林牧渔矿冶	农业	287	中国农业发展集团有限公司
		288	中粮集团有限公司
		289	中农发种业集团股份有限公司
		290	江西农标汇农业开发有限公司
		291	湖北省种子集团有限公司
		292	山东中农联合生物科技股份有限公司
	畜牧业	293	正邦集团有限公司
		294	新希望六和股份有限公司
		295	内蒙古蒙牛乳业(集团)股份有限公司
		296	昭苏县西域马业有限责任公司
		297	新疆宇飞国际渔业有限公司
	食品	298	华润(集团)有限公司
		299	青岛啤酒股份有限公司
		300	河南双汇投资发展股份有限公司
		301	中粮糖业控股股份有限公司
		302	雅士利新西兰乳业有限公司

续表

行业	细分领域	序号	企业/机构名称
农林牧渔矿冶	食品	303	北京顺鑫控股集团有限公司
		304	三全食品股份有限公司
		305	青海大宋农业科技股份有限公司
		306	徐州一统食品工业有限公司
		307	圣元国际集团
		308	青海三江雪生物科技集团有限公司
		309	内蒙古燕谷坊生态农业科技（集团）股份有限公司
		310	江西思派思香料化工有限公司
	矿冶	311	中国五矿集团有限公司
		312	中国冶金科工集团有限公司
		313	江西铜业集团有限公司
		314	中铝国际工程股份有限公司
		315	中冶京诚工程技术有限公司
		316	中国石化阿达克斯石油公司
		317	中国有色金属建设股份有限公司
		318	华北铝业有限公司
贸易	航运、港口、化工等	319	中电科技国际贸易有限公司
		320	湖南五江轻化集团有限公司
		321	新疆亚欧国际物资交易中心有限公司
		322	日照港集团有限公司
		323	中国国际海运集装箱（集团）股份有限公司
		324	中国海外港口控股有限公司
		325	巴基斯坦瓜达尔港
		326	物产中大集团股份有限公司
		327	江阴恒阳化工储运有限公司
		328	江苏省海外企业集团有限公司
		329	中国石油国际事业有限公司
		330	中国外运长航集团有限公司
		331	中国电子进出口有限公司
		332	江苏有色金属进出口有限公司
		333	广东省五金矿产进出口集团有限公司
		334	野马集团有限公司
		335	巴中苏斯特口岸有限公司
		336	山东岚桥集团有限公司

续表

行业	细分领域	序号	企业/机构名称
贸易		337	上海信洋互联网络有限公司
		338	新疆三宝实业集团有限公司
		339	新疆八钢国际贸易股份有限公司
		340	淮北皖宏贸易有限公司
		341	天津世纪五矿贸易有限公司
金融		342	亚洲基础设施投资银行
		343	国家开发银行
		344	兴业证券股份有限公司
		345	珠海华发投资控股集团有限公司
		346	招商局集团(香港)有限公司
		347	嘉实基金管理有限公司
		348	瀚华金控股份有限公司
		349	嘉兴市城市投资发展集团有限公司
		350	青岛红景四方产业发展集团有限公司
		351	横琴金融投资集团有限公司
		352	启迪控股股份有限公司
		353	昆仑银行股份有限公司
		354	江苏省国信资产管理集团有限公司
		355	中国平安财产保险股份有限公司
		356	浙江私募华侨基金管理有限公司
		357	深圳博林集团有限公司
		358	深圳市盛世华房股权投资基金管理有限公司
		359	上海复星高科技(集团)有限公司
		360	深圳市宝能投资集团有限公司
		361	湖南高新创业投资集团有限公司
		362	万贝科技发展(天津)集团有限公司
		363	洋浦国际投资咨询有限公司
教育		364	民生教育集团有限公司
		365	星影艺术教育集团
		366	蓝迪希望(北京)科技文化有限公司
		367	北京大学海洋研究院
		368	商务部培训中心(商务部国际商务官员研修学院)
		369	清华大学国际传播研究中心
		370	清华大学中美关系研究中心

续表

行业	细分领域	序号	企业/机构名称
教育		371	北京大学国家战略传播研究院
		372	大连海事大学
		373	中山大学公共卫生学院
		374	浙江大学中国西部发展研究院
		375	国家卫计委干部培训中心
		376	山东师范大学
		377	北京易知路科技有限公司
		378	北京传智播客教育科技有限公司
		379	北京拔萃双语学校
文旅		380	中国旅游集团中免股份有限公司
		381	中国华夏文化遗产基金会
		382	中国职工国际旅行社总社
		383	华谊启明东方
		384	智循（珠海）品牌管理有限公司
		385	北京中青旅置业有限公司
		386	浙江大丰实业股份有限公司
		387	深圳市名家汇科技股份有限公司
		388	迪岸双赢集团有限公司
		389	天洋控股集团有限公司
		390	大余章源生态旅游有限公司
园区		391	中新苏州工业园区开发集团股份有限公司
		392	中南高科产业园管理有限公司
		393	海南生态软件园
		394	巴基斯坦海尔·鲁巴经济园
		395	杭州东部软件园
		396	克拉玛依云计算产业园区
		397	陕西西咸新区发展集团有限公司
		398	青岛欧亚经贸合作产业园区
		399	南京经济技术开发区
		400	湖州莫干山高新技术产业开发区
		401	德清通航智造小镇
机构协会		402	国浩律师事务所
		403	中国电子信息产业发展研究院（赛迪研究院）
		404	国家发展和改革委员会城市和小城镇改革发展中心

续表

行业	细分领域	序号	企业/机构名称
机构协会		405	横琴粤澳深度合作区金融发展局
		406	中国经济信息社经济智库
		407	北京零点有数数据科技股份有限公司
		408	中国标准化研究院
		409	北京标研科技发展中心
		410	珠海澳标云舟科技发展有限责任公司
		411	中国医药创新促进会
		412	中国基本建设优化研究会
		413	中国生产力促进中心协会
		414	中国生产力学会
		415	蓝天救援队
		416	北京易二零(E20)环境股份有限公司
		417	北京德恒律师事务所
		418	国信招标集团股份有限公司
		419	巴基斯坦中资企业服务有限公司
		420	北京金太轩集团有限公司
		421	中国国家认证认可监督管理委员会认证认可技术研究所
		422	国家机床产品质量监督检验中心(山东)
		423	中国(海南)改革发展研究院
		424	中国对外承包工程商会
		425	丝路产业与金融国际联盟
		426	"一带一路"智库合作联盟
		427	中外友好国际交流中心
		428	中国石油和化学工业联合会
		429	中国民营经济国际合作商会
		430	中国五矿化工进出口商会
		431	清华房地产总裁商会
		432	中国对外贸易500强企业俱乐部
		433	北京市律师协会
		434	新疆维吾尔自治区律师协会
		435	中国开发性金融促进会
		436	农业农村部对外经济合作中心
		437	昆山市工业技术研究院

图书在版编目（CIP）数据

新发展阶段企业的机遇与创新：蓝迪平台企业发展
报告. 2021 / 赵白鸽，黄奇帆主编. --北京：社会科
学文献出版社，2022.8
　　ISBN 978-7-5228-0372-2

　　Ⅰ.①新…　Ⅱ.①赵…②黄…　Ⅲ.①企业发展-研
究报告-中国-2021　Ⅳ.①F279.2

　　中国版本图书馆 CIP 数据核字（2022）第 110358 号

新发展阶段企业的机遇与创新
——蓝迪平台企业发展报告（2021）

主　　编／赵白鸽　黄奇帆
副 主 编／马　融　马有义　陈　璐

出 版 人／王利民
组稿编辑／祝得彬
责任编辑／仇　扬
责任印制／王京美

出　　版／社会科学文献出版社·当代世界出版分社（010）59367004
　　　　　　地址：北京市北三环中路甲 29 号院华龙大厦　邮编：100029
　　　　　　网址：www.ssap.com.cn
发　　行／社会科学文献出版社（010）59367028
印　　装／三河市东方印刷有限公司

规　　格／开　本：787mm×1092mm　1/16
　　　　　　印　张：18.5　字　数：209 千字
版　　次／2022 年 8 月第 1 版　2022 年 8 月第 1 次印刷
书　　号／ISBN 978-7-5228-0372-2
定　　价／99.00 元

读者服务电话：4008918866